SMAR TINVS

# Rabanus Maurus

## Auf den Spuren eines karolingischen Gelehrten

Der Katalog wurde ermöglicht durch die Adolf-Gerhard-Stiftung, Mainz

Rabanus Maurus als
Erzbischof,
um 1260/70, Detail
(s. Kat.-Nr. 2)

# Rabanus Maurus

## Auf den Spuren eines karolingischen Gelehrten

herausgegeben von
Hans-Jürgen Kotzur

verfaßt von
Winfried Wilhelmy

VERLAG PHILIPP VON ZABERN · MAINZ AM RHEIN

120 Seiten mit 77 Farb- und 8 Schwarzweißabbildungen

Umschlag vorne: *De laudibus sanctae crucis*, um 825/26, Rom, Biblioteca Apostolica Vaticana, Codex Reg. lat. 124, fol. 4v, Detail: Kaiser Ludwig der Fromme bzw. fol. 11v, Detail: Cherubim

Vorsatz vorne und hinten: *De laudibus sanctae crucis*, um 825/26, Rom, Biblioteca Apostolica Vaticana, Codex Reg. lat. 124, fol. 2v, Detail: Alkuin empfiehlt Rabanus und dessen Erstlingswerk dem hl. Martinus

Frontispiz: Rabanus Maurus als Erzbischof, um 1260/70, Detail, (s. Kat.-Nr. 2)

Umschlag hinten: *De laudibus sanctae crucis*, um 825/26, Rom, Biblioteca Apostolica Vaticana, Codex Reg. lat. 124, fol. 22v, Detail: Der Engel, das Symbol des Evangelisten Matthäus


ISBN-10: 3-8053-3613-6 (Buchhandelsausgabe)
ISBN-13: 978-3-8053-3613-0 (Buchhandelsausgabe)
ISBN-10: 3-8053-3635-7 (Museumsausgabe)
ISBN-13: 978-3-8053-3635-2 (Museumsausgabe)



Gestaltung: Melanie Barth, Verlag Philipp von Zabern, Mainz
Printed in Germany by Philipp von Zabern
Printed on fade resistant and archival quality paper
(PH 7 neutral) · tcf

*Bibliographische Information der Deutschen Bibliothek*

Die Deutsche Bibliothek verzeichnet diese Publikation in der Deutschen Nationalbibliographie; detaillierte bibliographische Daten sind im Internet über <*http://dnb.ddb.de*> abrufbar.

## Ausstellung

Konzeption
Dr. Hans-Jürgen Kotzur

Wissenschaftliche Vorbereitung
Dr. Winfried Wilhelmy

Ausstellungsarchitektur
Dr. Hans-Jürgen Kotzur

Ausführung
Paul Engelmann

Installationen
Dr. Hans-Jürgen Kotzur
Hako J.
Winfried Mühlum

Tafeltexte
Dr. Winfried Wilhelmy

Öffentlichkeitsarbeit
Bettina Schüpke M.A.

## Katalog

Autor
Dr. Winfried Wilhelmy

unter Mitwirkung von
Dr. Mechthild Schulze-Dörrlamm
Dr. Cornelia Schneider
Dr. Alexandra König

Bildbestellung und Verwaltung
Magdalena Olesiak

Bibliographie
Bettina Schüpke M.A.

Sponsoren

ADOLF-GERHARD-STIFTUNG · MAINZ

LRP Landesbank Rheinland-Pfalz

Rabanus Maurus als Lehrer, 1952, Detail: Schrifttafel mit *Veni creator spiritus* (s. Kat.-Nr. 1)

# Zum Geleit

## „Eine frühmittelalterliche Prunkhandschrift kehrt heim! Rabanus Maurus – Auf den Spuren eines karolingischen Gelehrten"

Als katholische Kirche mit einer bald 2000 Jahre alten Geschichte bekennen wir uns zu dem, was war und auch oft noch in unsere Gegenwart hereinreicht. Oft aber werden wir in der Schnellebigkeit unserer Zeit und der Rasanz der Ereignisse selbst vergeßlich und auch in der Kirche droht Geschichtsvergessenheit. In Mainz kommt noch der tiefe Graben hinzu, der das alte Erzbistum Mainz vom neuen Bistum Mainz zu Beginn des 19. Jahrhunderts trennt; auch wenn wir uns durchaus der Kontinuität des heutigen Bistums mit der großen Mainzer Metropole über tausend Jahre bewußt sind.

Dazu gehört natürlich, ganz abgesehen von den historischen Forschungen, die Erinnerung an große Gestalten dieser Bistumsgeschichte, besonders wenn sie heute noch verehrt werden. Sie sind eine lebendige Brücke. So haben wir im vergangenen Jahr mit den deutschen Diözesen 1250 Jahre nach dem Martertod des hl. Bonifatius (754) die Gestalt dieses großen Missionars wieder in unser Bewußtsein gerufen. Von Bonifatius aus gibt es viele bekannte und erinnerungswürdige Nachfolger auf der *sedes Moguntiae*, die wir ebenfalls in den letzten Jahren und Jahrzehnten feiern konnten: so die Erzbischöfe Lullus, Willigis und Bardo. In diesem Jahr kommt eine weitere bedeutende Persönlichkeit der diözesanen, ja, man darf mit Recht sagen, auch der deutschen und europäischen Geschichte hinzu: Rabanus Maurus (um 780 bis 856), der fünfte Nachfolger des hl. Bonifatius. 1150 Jahre sind seit dem Tod dieses hl. Erzbischofs vergangen. Rabanus ist in Mainz geboren, war Mainz immer verbunden und kommt, nachdem er das Amt des Abtes von Fulda schon einige Zeit abgegeben hatte, im Jahre 847 als Erzbischof nach Mainz. Am 4. Februar 856, also nach neunjähriger Regierungszeit, stirbt er und wird im Kloster St. Alban in Mainz beigesetzt. Auch wenn sein Grab verloren ist, so erinnert uns auch in der Gegenwart das Rabanus-Maurus-Gymnasium sowie die oberhalb der Neustadt gelegene Rabanus-Maurus-Kirche an den großen „Lehrer Deutschlands" *(Praeceptor Germaniae)*, ein später entstandener Ehrenname für diesen Mainzer Erzbischof. So schön der Titel klingt, so verdeckt er ein wenig die über Deutschland hinausreichende Bedeutung Rabans.

Um an ihn und sein Lebenswerk zu erinnern findet neben vielen anderen Aktivitäten des Rabanus-Jahres auch eine Ausstellung unseres Dom- und Diözesanmuseums statt, die in diesem Katalog dokumentiert ist. Im Mittelpunkt dieser Ausstellung steht dabei Rabans wohl bekannteste Schrift, das um 810 verfaßte „Lob des heiligen Kreuzes" *(De laudibus sanctae crucis)*, dessen älteste und auch schönste Fassung heute in der Biblioteca Apostolica Vaticana in Rom aufbewahrt wird. Diese Sammlung von Figurengedichten zu Ehren des Kreuzes Jesu Christi schenkte der damalige Abt des Klosters Fulda um 826 an den Mainzer Dom. Nachdem Rabanus 847 selbst zum Mainzer Erzbischof ernannt worden war, korrigierte er eigenhändig den Codex, den er in unserer Dombibliothek vorfand. Die reich mit Gold, Silber und Purpur ausgestattete Prachthandschrift gelangte im 17. Jahrhundert über prominente Vorbesitzer, darunter Kaiser Rudolf II. und Königin Christina von Schweden, in den Besitz der Päpste.

Nach über 300 Jahren verläßt dieses Meisterwerk der Bild- und Dichtkunst nun erstmals wieder die Biblioteca Apostolica Vaticana in Rom und kehrt an seinen ursprünglichen Bestimmungsort zurück. Wir sind dem Heiligen Stuhl zu besonderem Dank verpflichtet, denn in der Regel verleiht der Vatikan solche vor der ersten Jahrtausendwende entstandenen und damit besonders wertvollen und empfindlichen Handschriften grundsätzlich nicht. Vor allem aufgrund der engen Verbindung der Handschrift mit Mainz haben wir eine seltene Ausnahme bewilligt bekommen. Wir freuen uns daher ganz besonders, wenn wir das bedeutendste Werk des Rabanus anläßlich seines 1150. Todestages an seinem Heimatort präsentieren können.

Ich danke allen, die sich innerhalb und außerhalb des Dom- und Diözesanmuseums Mainz für das Zustandekommen dieser Ausstellung eingesetzt haben. Vor allem wünsche ich der Ausstellung viele aufgeschlossene Besucherinnen und Besucher.

Mainz, 1. Januar 2006

+ Karl Kard. Lehmann

Karl Kardinal Lehmann
Bischof von Mainz

# Vorwort

Am 4. Februar 2006 jährt sich zum 1150sten mal der Todestag des Mainzer Erzbischofs Rabanus Maurus, ein Ereignis, das das Bistum gebührend feiert. Im öffentlichen Bewußtsein ist diese herausragende Persönlichkeit der Karolingerzeit jedoch nur wenig verankert. Das bestätigte mir eine spontane Umfrage auf dem Liebfrauenplatz in Mainz, wo ich von einem freundlichen älteren Herrn die unerwartete Antwort erhielt: „... Sie wollen wissen, wer Rabanus Maurus ist? Das war doch der erste Direktor des Rabanus-Maurus-Gymnasiums in Mainz, nach ihm ist die Schule benannt...". Als Kardinal Lehmann den Wunsch äußerte, das Dom- und Diözesanmuseum möge eine kleine Ausstellung über Rabanus vorbereiten, stellte er uns somit vor eine nicht geringe Herausforderung, denn schließlich richtet sich eine Ausstellung nicht an die Fachwelt sondern an ein breiteres Publikum. Zudem warf das Thema die Frage auf, welche Exponate überhaupt geeignet sind, diesen karolingischen Gelehrten und sein Werk angemessen darzustellen. Kurzum, es bedurfte eines Wunders.

Und dieses Wunder geschah dann auch tatsächlich. Am 17. Oktober 2005 teilte uns Staatssekretär Sandri mit, daß der Vatikan dem Ausleihgesuch des Codex Vaticanus Reginensis latinus 124 zustimmt. Damals schien uns die Leihzusage kaum glaublich. Es ist Kardinal Lehmann gelungen, durch seine Bemühungen und seinen persönlichen Einsatz diese einzigartige Handschrift nach Mainz zu holen. Denn was sich hinter der offiziellen Bezeichnung verbirgt, ist das prächtigste Exemplar von Rabans Hauptwerk *De laudibus sanctae crucis*. Der Codex zählt aufgrund seiner herausragenden Qualität und seiner kunsthistorischen und religionsgeschichtlichen Bedeutung zu den wichtigsten Hinterlassenschaften des Frühmittelalters überhaupt. Aus verständlichen Gründen ist er von der Biblioteca Apostolica Vaticana mit einem grundsätzlichen Ausleihverbot belegt. Daß wir es überhaupt wagten, die Bitte um eine Ausleihe vorzubringen, lag an der Herkunft des vatikanischen *De laudibus*. Denn ursprünglich gehörte der Codex zum Bestand der hiesigen Dombibliothek, war er doch im 9. Jahrhundert eine Schenkung an den Mainzer Erzbischof Otgar. Erst Jahrhunderte später gelangte er auf Umwegen nach Rom.

Die erstmalige Präsentation der Handschrift außerhalb des Vatikans ist eine Sensation! Daher ist es selbstverständlich, daß der Codex im Mittelpunkt unserer Ausstellung steht. Durch die Kürze der Vorbereitungszeit mußte auf eine eingehende Forschungsarbeit verzichtet werden. Sie bleibt dem Kolloquium vorbehalten, das vom 3. bis zum 5. Februar 2006 stattfindet. Dank der Initiative von Kardinal Lehmann konnte zudem Ordinariatsrätin Dr. Barbara Nichtweiß für die Herausgabe eines Rabanus-Lesebuches gewonnen werden, das, von Dr. habil. Stephanie Haarländer bearbeitet, in deutscher Sprache einen Querschnitt durch das Werk des Rabanus bietet und eine hervorragende Ergänzung zu unserem Katalog darstellt. Denn in Katalog und Ausstellung wird dem interessierten Laien auf allgemein verständliche Art ein Gelehrter aus fernen Zeiten nahegebracht, dessen wichtigstes Werk, *De laudibus sanctae crucis*, auch heute noch überraschend modern anmutet. Der um 826 entstandene Codex wird umfassend vorgestellt und unter verschiedenen Blickwinkeln betrachtet. Der Entstehung des Werkes in seinem historischen Kontext zwischen „Bilderstreit und Glaubenswahrheit" folgt die detaillierte Geschichte der vatikanischen Handschrift, ihrer Entstehungsumstände, Herkunft und späteren Odyssee. Ihre schönsten Seiten werden aufgeblättert und in Bild und Text analysiert. Um die Beschäftigung mit dem Werk zu erleichtern, wurden die wichtigsten Textpassagen von *De laudibus* übersetzt. Vieles wird erstmals in deutscher Sprache wiedergegeben. Hier mag die eine oder andere

Wendung zu diskutieren sein, aber uns war es wichtig, den hymnischen Jubel, mit dem Rabanus die Erlösungstat Christi besingt, auch denen nahe zu bringen, die des Lateinischen nicht mächtig sind. Den Glauben (mit-)zu teilen, der aus diesen Gedichten spricht, das ist das oberste Anliegen von Ausstellung und Begleitbuch.

Natürlich verursacht ein solches Projekt nicht unerhebliche Kosten, zumal die Ausstellung nicht durch öffentliche Mittel getragen wird, sondern sich selbst finanzieren muß. Gerade deshalb danken wir ganz besonders der Adolf-Gerhard-Stiftung, Mainz. Entsprechend ihrer Satzung hat die Stiftung die Realisierung von zwei zeitgenössischen Kunstwerken ermöglicht, die Rabans *De laudibus* modern interpretieren. Auch die opulente Bildausstattung des Ausstellungskataloges wäre ohne die Mittel der Adolf-Gerhard-Stiftung nicht möglich gewesen. Ein weiterer herzlicher Dank gilt der Landesbank Rheinland-Pfalz, die uns auch dieses Mal tatkräftig unterstützt hat und durch die Übernahme des kostspieligen Spezialtransports die „physische Präsenz" der vatikanischen Handschrift ermöglichte. In den Dank eingeschlossen seien auch alle unsere Leihgeber, Herr Direktor Prof. Dr. Daim und Frau Dr. Schulze-Dörrlamm, Römisch-Germanisches Zentralmuseum, Herr Direktor Dr. Hinkel, Martinusbibliothek, Frau Direktorin Hanebutt-Benz und Frau Dr. Schneider, Gutenbergmuseum sowie Frau Direktorin Dr. Riethmüller und Frau Lobe-Röder, Hochschul- und Landesbibliothek Fulda. Ein besonderer Dank gilt auch Frau Dr. Annette Nünnerich-Asmus vom Philipp-von-Zabern-Verlag Mainz, die sich, begeistert von unserem Ausstellungsprojekt, spontan dazu entschlossen hat, diesen Katalog in ihr Verlagsprogramm aufzunehmen.

Nicht zuletzt möchte ich meinem Ausstellungsteam im Hause danken, das wiederum hervorragende Arbeit geleistet hat: Herrn Paul Engelmann für die Umsetzung und Ausführung der Ausstellungsarchitektur, Frau Dr. Alexandra König und zeitweise Frau Schüpke und Frau Olesiak für die vielen Zuarbeiten und last but not least Herrn Dr. Wilhelmy für die Realisierung des Ausstellungsbegleitbuches. Herr Wilhelmy hat in dem zur Verfügung stehenden halben Jahr ein Buch vorgelegt, das man gerne in die Hand nimmt und noch viel lieber liest. Ihm und dem Zabern-Verlag dafür ein herzliches Dankeschön.

Abschließend möchte ich nochmals Herrn Kardinal Lehmann für sein Interesse an dem Ausstellungsvorhaben danken. Es war für uns Anregung und Motivation.

Dr. Hans-Jürgen Kotzur

Direktor des
Bischöflichen Dom- und Diözesanmuseums Mainz

# Danksagung

Seiner Eminenz Karl Kardinal Lehmann, Bischof von Mainz, den Mitgliedern des Kuratoriums des Bischöflichen Dom- und Diözesanmuseums

sowie

Herrn Ernst Adamski, Mainz

Herrn Lothar Bache, Mainz

Frau Melanie Barth, Mainz

Herrn Dompräbendat Martin Berker, Mainz

Herrn Heinz Brauburger, Mainz

Herrn Dr. Hermann-Josef Braun, Mainz

Herrn Prof. Dr. Falko Daim, Mainz

Herrn Paul Engelmann, Alzey

Frau Sandra Ess, Bad Kreuznach

Don Raffaele Farina, Rom

Frau Verena Glunk, Mainz

Herrn Helge Hagen, Fulda

Frau Dr. Eva Hanebutt-Benz, Mainz

Frau Dr. habil Stephanie Haarländer, Mainz

Herrn Dr. Helmut Hinkel, Mainz

Herrn Stefan Kühner, Mainz

Frau Gerda Lobe-Röder, Fulda

Herrn Hans-Günter Mann, Mainz

Frau Dr. Claudia Montuschi, Rom

Herrn Winfried Mühlum, Wiesbaden

Frau Dr. Barbara Nichtweiß, Mainz

Frau Dr. Annette Nünnerich-Asmus, Mainz

Herrn Jürgen Pitzer, Mainz

Herrn Dr. Friedhelm Plogmann, Mainz

Herrn Thomas Rauth, Kelsterbach

Frau Rosemarie Reinhardt, Mainz

Herrn Gundolf Reitmaier, Mainz

Herrn Christoph Rhein, Mainz

Frau Dr. Marianne Riethmüller, Fulda

Herrn Reinhold Scheer, Mainz

Frau Dr. Cornelia Schneider, Mainz

Herrn Bernd Schermuly, Wiesbaden

Frau Dr. Mechthild Schulze-Dörrlamm, Mainz

Herrn Walter Wöstheinrich, Mainz

# Inhaltsverzeichnis

PONTIFICEM SVMMVM SALVATOR CHRISTE TVERE
T SALVVM NOBIS PASTOREM IN SECVLA SERVA
ECCLESIE CVSTOS DOCTORQ VE FIDELIS IN AVL A
RESVL VT EXIMIVS SIT RITE GREGORIVS ALME

Pontificem ſummum ſaluator Chriſte tuere
Et ſaluum nobis paſtorem in ſecula ſerua
Prędul vt eximius ſit rite Gregorius almę
Eccleſię cuſtos, doctorq; fidelis in aula.

Rabanus Maurus, *De laudibus sanctae crucis*, 1503 (s. Kat.-Nr. 16): Rabanus überreicht Papst Gregor IV. sein Buch

# Rabanus Maurus: Zeittafel zu Leben und Werk

| | |
|---|---|
| **Um 780** | Geboren in Mainz; Eltern: Waluram und Waltrat aus rheinfränkischem Adel |
| **Um 788** | Von den Eltern als Gott geweihter Knabe *(puer oblatus)* ins Kloster nach Fulda gegeben |
| **Vor 800** | Möglicherweise Studium bei Alkuin am Hof in Aachen |
| **801** | Weihe zum Diakon |
| **Vor 804** | Studium bei Alkuin im Kloster St. Martin in Tours |
| **Um 804** | Rückkehr nach Fulda |
| **Um 810** | Erstes literarisches Werk: *De laudibus sanctae crucis* (Vom Lob des Heiligen Kreuzes) |
| **814** | Priesterweihe durch den Mainzer Erzbischof Haistulf |
| **819** | *De institutione clericorum* (Über die Unterweisung des Klerus) |
| **820** | *De computo* (Über die Zeitrechnung) |
| **822** | Wahl zum Abt des Klosters Fulda |
| **Um/vor 822** | Kommentare zum Alten und zum Neuen Testament |
| **Um/nach 840** | Martyrologium |
| **841–853** | Bußbücher |
| **842** | Rücktritt vom Amt des Abtes; Rückzug auf den Petersberg bei Fulda |
| **Nach 842** | Enzyklopädie *De rerum naturis (De universo)*; Hymnendichtungen |
| **847** | Nach dem Tod von Erzbischof Otgar (826–847) Erhebung zum Erzbischof von Mainz |
| **848** | Synode zu Mainz: Verurteilung der Prädestinationslehre des Mönches Gottschalk (These der Vorbestimmung des Menschen zum Guten und zum Bösen) |
| **850** | Hungersnot im Rheingau; Erzbischof Rabanus läßt die Bevölkerung versorgen |
| **856** | Tod in Winkel am Rhein (?); Begräbnis in St. Alban zu Mainz |

Abb. 1 *De laudibus sanctae crucis*, um 825/26, Rom, Biblioteca Apostolica Vaticana, Codex Reg. lat. 124, fol. 2v, Detail: Alkuin und Rabanus

# Rabanus Maurus: Auf den Spuren eines karolingischen Gelehrten

## I. Von Mainz nach Fulda: der junge Rabanus

Rabanus – im Althochdeutschen mit vorgestelltem *H* im Anlaut geschrieben – bedeutet der Rabe. Bereits dem Knaben wurde, wie in den Gelehrtenzirkeln der Karolingerzeit üblich, für die persönliche Anrede ein Beiname verliehen: Maurus (s. Kat.-Nr. 2). Dies geschah während seiner Lehrzeit, die er bei dem wohl größten Gelehrten der Epoche, dem Angelsachsen Alkuin (um 730–804), absolvierte (Abb. 1). Der Name Maurus, den Rabanus bis an sein Lebensende trug, ist eine gelehrte Anspielung auf das besondere Lehrer-Schüler-Verhältnis, denn einstmals trug der Lieblingsschüler des hl. Benedikt jenen Namen. Er zeugt von dem engen Verhältnis des Knaben Rabanus zu seinem Lehrer Alkuin.

Wie mehrfach von Rabanus selbst erwähnt, zuletzt in der von ihm verfaßten Grabinschrift, wurde er in der Stadt Mainz geboren. Das genaue Geburtsjahr ist umstritten. Aus seiner Biographie läßt sich der Zeitraum zwischen 776 und 784 rekonstruieren; am wahrscheinlichsten ist das Jahr 780. Seine Eltern Waluram und Waltrat entstammten dem rheinfränkischen Adel mit Grundbesitz in und um Mainz. Mehrere Geschwister sind bezeugt, so der Bruder Gundram sowie eine Schwester namens Meginrata.

Rabanus wurde wahrscheinlich noch im Kindesalter als sogenannter *puer oblatus* zum Dank an Gott ins Kloster Fulda gegeben. Die 744 vom hl. Bonifatius gegründete Abtei erlebte um 800 unter den Äbten Baugulf (779–802) und Ratgar (802–817) eine besondere Blüte und umfaßte einschließlich der im Wald gelegenen Einsiedeleien wohl weit über 300 Mönche. Hier lernte Rabanus Lesen, Schreiben und Rechnen sowie die für das Studium der Theologie notwendigen *septem artes liberales*, die Sieben Freien Künste, d. h. Grammatik, Dialektik und Rhetorik sowie Arithmetik, Geometrie, Astronomie und Musik. Seine Ausbildung setzte er fort bei dem Berater Karls des Großen, Alkuin, der ihn möglicherweise bereits in den 790er Jahren am kaiserlichen Hof in Aachen unterrichtete. Alkuin verließ Aachen 796 und übernahm die Leitung des Klosters St. Martin in Tours. Hier ist ein Aufenthalt des Rabanus nach 802, wohl bis zu Alkuins Todesjahr 804, gesichert.

Zurück in Fulda erlebte Rabanus in den folgenden Jahren den Neubau der Klosterkirche, die 819 geweiht wurde. Für die Bauarbeiten hatte Abt Ratgar in den Jahren zuvor alle verfügbaren Mönche herangezogen, auch Rabanus. Dieser klagt in einem Gedicht darüber, daß sein Abt ihm deshalb die so geliebten Bücher entziehe. Es muß aber noch weitaus größere Härten gegeben haben, denn Ratgars Amtsführung führte zu hausinternen Unruhen, die bis zum Hof des Kaisers vordrangen. Erst durch das Eingreifen des Mainzer Erzbischofs Richulf (787–813), der auf Bitten des Kaisers mehrmals intervenierte, wurde der Klosterfrieden um 812 wieder hergestellt. Doch das beginnende 9. Jahrhundert war auch eine Zeit der Freude für Rabanus: 801 wurde er zum Diakon und 814 zum Priester geweiht. Die Weihe erfolgte durch den Mainzer Erzbischof Haistulf (813–825), den Rabanus wohl sehr verehrte. Denn ihm widmete er zehn Jahre später eine Abschrift jenes Werkes, das ihn berühmt machte: *De laudibus sanctae crucis.* Unter den oben geschilderten schwierigen Umständen vollendete Rabanus dieses „Lob des heiligen Kreuzes“, sein Erstlingswerk, um 810 (Abb. 2).

In jenen Jahren war Rabanus als *magister* für die Ausbildung der Novizen zuständig. Aufgrund seines immensen Wissens nahmen aber auch andere Mitglieder des Klosters an seinen Unterrichtsgesprächen teil. Sein Ruhm wuchs und zahlreiche Klöster schickten Novizen und Mönche zu dem Fuldaer *magister* mit der Bitte, deren Ausbildung zu vervollkommnen. Auch als Abt lehrte er weiter. Zu seinen bedeutendsten Schülern zählen:

- Walafried Strabo, späterer Abt der Reichenau, Dichter und Gelehrter
- Lupus von Ferrières, späterer Abt des Klosters Ferrières, Gelehrter und Sammler antiker Texte
- Ottfried von Weißenburg, Mönch des Klosters Weißenburg, erster namentlich bekannter Dichter in deutscher Sprache
- Hartmut von St. Gallen, späterer Abt des Klosters von St. Gallen
- Rudolf von Fulda, Mönch des Fuldaer Klosters und Nachfolger des Rabanus als Leiter der Klosterschule.

Bei seinen Schülern stand Rabanus als Lehrer, aber wohl auch als Mensch in hohem Ansehen. Nachdem seine Schüler in ihre heimatlichen Klöster zurückgekehrt waren, standen sie oft weiterhin brieflich in Kontakt mit ihrem Mentor und baten ihn um Rat. Auch Rabanus scheint die Weitergabe seines Wissens an die jüngere Generation Freude gemacht zu haben. So drückte er, wie im Falle des Lupus von Ferrières, Bedauern darüber aus, daß sein Schüler nicht mehr bei ihm weile: „Gerne erinnere ich mich deines Eifers (...) und deines bescheidenen Wesens, das dich so liebenswert machte".

Abb. 2 *De laudibus sanctae crucis*, um 825/26, Rom, Biblioteca Apostolica Vaticana, Codex Reg. lat. 124, fol. 3v, Detail: Rabanus hält sein Erstlingswerk in den Händen

Die große Schülerschar war für den zeitgenössischen Ruhm des Rabanus nicht unwichtig, da sie das Lob ihres Meisters im ganzen Frankenreich verbreiteten. Sahen sich seine ehemaligen, oft in Leitungsfunktionen aufgestiegenen Schüler mit Problemen liturgisch-theologischer Art konfrontiert, so bat der eine oder andere um die Erstellung eines Kommentars oder die Abschrift eines bereits vorhandenen Werkes zum Thema. Auf diese Weise wurden Rabans Arbeiten nicht nur im ganzen Reich bekannt, sondern blieben, anders als die anderer karolingischer Autoren, als besonders häufig vervielfältigte Handschriften der Nachwelt erhalten.

## II. Der Abt

Nach dem Tod des nur fünf Jahre regierenden Abtes Eigil am 15. Juni 822 wurde Rabanus von der Fuldaer Klostergemeinschaft zum neuen Abt gewählt. Ihn erwarteten nun neben der Führung der mehrere hundert Köpfe zählenden Schar der Klosterangehörigen und deren theologisch-seelsorgerischer Betreuung auch die Verwaltung des Grundbesitzes und der Dienst für den König. Um die vielfältigen Aufgaben bewältigen zu können, ordnete er zunächst die Verwaltung des Klosters neu. Er ließ alle Schenkungen an die Abtei, vor allem die Ländereien, systematisch erfassen und in sogenannten *Cartularen* niederlegen. Er veranlaßte die Erstellung von Listen, die alle Klosterangehörigen verzeichneten und legte dabei besonderen Wert auf die Führung der Totenannalen, damit den verstorbenen Mönchen und Wohltätern des Klosters angemessen im Gebet gedacht werden konnte. Er baute den Buchbestand der Bibliothek aus, indem er sowohl die Werke der Kirchenväter, als auch heidnisch-profane Schriften kopieren ließ. Durch den Bau und die Ausstattung von nahezu dreißig Kirchen im Umland trieb er die Christianisierung der weitgehend immer noch heidnischen Bevölkerung voran. Die notwendigen finanziellen Mittel erhielt er aus den Zehntansprüchen, zu deren Sicherung er nicht davor zurückschreckte, Papst Paschalis I. eine fälschende Erweiterung eines Privilegs von 751 vorlegen zu lassen. Der Papst durchschaute jedoch die für jene Zeit nicht

Abb. 3 Seitenansicht von *De Universo* mit Titelangabe *Rabanus de Universis*, 1467 (s. Kat.-Nr. 5)

unübliche „Verbesserung" der Urkunde und drohte, Rabanus zu exkommunizieren.

842 trat Rabanus vom Amt des Abtes zurück. Wohl auf seine Initiative hin wurde Hatto, sein langjähriger Weggefährte und Freund, zum neuen Leiter des Klosters gewählt. Rabanus äußert sich zwar in den Briefen jener Jahre gelegentlich über verschiedene Krankheiten, der eigentliche Grund für den Amtsverzicht dürfte aber politischer Natur gewesen sein.

Die Lage im Frankenreich war über lange Jahre instabil. Zunächst hatten die Söhne Kaiser Ludwigs des Frommen dagegen rebelliert, daß ihr Vater das Reich nicht nur unter ihnen aufteilte, sondern auch seinen Sohn aus zweiter Ehe, Karl den Kahlen, bedachte. Doch auch nach dem Tod des Kaisers 840 trat keine Ruhe ein. Gegen die Vormacht des ältesten, vom Vater zum Herrscher bestimmten Lothar I. opponierten seine Brüder. 841 wurde Lothar in der Schlacht von Fontenoy besiegt. Im Folgejahr beschworen die rebellischen Brüder in den sogenannten „Straßburger Eiden" ihr Bündnis gegen den Kaiser, der daraufhin im August 842 zum Vertrag von Verdun gezwungen wurde. Darin wurde Lothars Herrschaft auf ein Mittelreich, ein Gebiet von Italien bis Friesland, beschränkt. Neuer Landesherr des nunmehr im Ostreich gelegenen Klosters Fulda war jetzt Ludwig der Deutsche.

Während all dieser Unruhen stand Rabanus treu an der Seite des jeweiligen Kaisers, dessen Rang nach seiner Auffassung gottgewollt war. So hatte sich Rabanus stets als getreuer Gefolgsmann von Kaiser Lothar gezeigt und in den schwierigen Jahren zwischen 840 und 842 häufig in der Umgebung des Kaisers befunden. Als sich Lothar nach dem Vertrag von Verdun nach Reims zurückzog, folgte er ihm unter Verzicht auf seine Abtsherrschaft. 843 kehrte Rabanus nach Fulda zurück und lebte die nächsten fünf Jahre als einfacher Mönch auf dem Petersberg bei Fulda. Jene zum Fuldaer Mutterkloster gehörende Niederlassung hatte er selbst 836 gegründet. Rabanus nutzte die Abgeschiedenheit und die neu gewonnene Freiheit und Frei-Zeit: Er widmete sich ganz seinen theologischen Schriften und auch seine große Enzyklopädie *De universo* entsteht in jenen Jahren (Abb. 3).

## III. Der Erzbischof

„Mit dem Beifall der Großen und in übereinstimmender Wahl des Klerus und des Volkes", so schreibt Rabans Freund Abt Hatto, wurde Rabanus am 26. Juni 847 als fünfter Nachfolger des hl. Bonifatius zum Erzbischof von Mainz erhoben (Abb. 4). Seit Lullus (754–786) war die erzbischöfliche Würde fest mit dem Mainzer Stuhl verbunden. Anstelle eines ruhigen Studiums in einer Klosterzelle erwartete Rabanus mit dieser Ernennung ein eminent politisches Amt, das gleichermaßen Königsdienst, weltliche und kirchenpolitische Verwaltung sowie die materielle und seelsorgerische Betreuung des größten Erzbistums nördlich der Alpen umfaßte. Rabanus war nunmehr nicht nur Markt- und Zollherr von Mainz und der größte Grundbesitzer der Stadt. Er stand auch einer Kirchenprovinz vor, die neben der Erzdiözese selbst die Suffraganbistümer Worms, Speyer, Würzburg, Eichstätt, Straßburg, Augsburg, Konstanz, Chur, Paderborn, Halberstadt, Hildesheim und Verden umfaßte. Die Bischöfe dieser Kirchenprovinz rief Rabanus dreimal zusammen: zunächst im Oktober 847, unmittelbar nach seinem Amtsantritt, ferner 848 und

Abb. 4 Rabanus Maurus als Erzbischof, um1260/70, Detail (s. Kat.-Nr. 2)

852. Die Themen dieser Synoden waren vielfältig. Sie reichten von der Verlegung des von den Wikingern verwüsteten Bistums Hamburg nach Bremen über die Verurteilung verschiedener Häretiker bis hin zu einem Jagdverbot für Bischöfe. Ein besonderes Anliegen war ihm die Ausbildung der Diözesanpriester, zu deren Unterrichtung er verschiedene kleinere Schriften verfaßte. Als Leitfaden erhielten sie die Mainzer Chorbischöfe Thiotmar und Reginheri, die mit der Ausbildung des Nachwuchses betraut waren.

Bis heute unvergessen ist sein Wirken während der schweren Hungersnot des Jahres 850. Damals hielt sich Rabanus in Winkel im Rheingau auf und versorgte dort täglich, so der glaubwürdige Bericht der Fuldaer Annalen, mehr als 300 Menschen mit Nahrung. Ein 1906 in Winkel errichtetes Denkmal erinnert noch heute daran.

Zeit seines Lebens war Rabanus ein großer Verehrer des hl. Bonifatius. Er würdigte dessen Missionsleistung und die damit verbundene Gründung des Klosters Fulda, in dem Rabanus aufgewachsen war, dem er vorstand und das er sicherlich trotz seiner Mainzer Herkunft als seine eigentliche Heimat betrachtete. Bereits bei der Neuweihe der Klosterkirche von Fulda im Jahre 819 trug er ehrfurchtsvoll die Trage mit dem Reliquienschrein des Bonifatius zum Altar. Durch diese Verehrung des hl. Bonifatius verpflichtet, wird Rabanus nicht gezögert haben, sein Nachfolger auf dem erzbischöflichen Mainzer Stuhl zu werden. In diesem Amt bot sich ihm die Möglichkeit, seinen großen Vorgänger zum hundertsten Todestag 854 besonders zu ehren. In der karolingischen Marienkirche, in der man das blutige Wasser beigesetzt hatte, mit dem der Leib des 754 gefallenen Märtyrers gewaschen worden war, setzte Rabanus zu dessen Gedächtnis einen Gedenkstein (s. Kat.-Nr. 8). Er zeigt auf der Vorderseite den Verstorbenen und auf der Rückseite das von beiden so verehrte Heilige Kreuz mit der Bitte um Erlösung: *SANCTA CRUX SALVA NOS* (Abb. 67). Die Wahl gerade dieses Motivs wird nicht zufällig gewesen sein: sowohl Bonifatius als auch Rabanus pflegten eine besondere Kreuzverehrung, die sie in entsprechenden Gedichten ausdrückten. Während sich Bonifatius hierbei vor allem in der Form noch schwer tat (Abb. 6), so sollte die Gattung des Kreuzgedichtes in Rabans *De laudibus sanctae crucis* zu höchster Vollendung geführt werden.

Bis zuletzt scheint der im hohen Alter von 67 Jahren zum Erzbischof Berufene sein Amt energisch und bei relativ guter Gesundheit ausgeübt zu haben. Erst in seinen letzten Briefen klagte er darüber, daß er wegen seines Alters nicht mehr so viel lesen könne wie früher und daß er mehr Zeit im Bett verbringe als auf dem Studierstuhl. Am 4. Februar 856 starb der nahezu Achtzigjährige. Wie seine unmittelbaren Vorgänger fand er sein Grab im Kloster St. Alban (Abb. 5). Während das Grab mit der Zerstörung des Klosters im 16. Jahrhundert zugrunde ging, ist uns die von ihm selbst verfaßte Grabinschrift überliefert (siehe Folgeseite). Eine „offizielle" Heiligsprechung des Rabanus erfolgte nicht, da ein solcher Prozeß im Frühmittelalter nicht üblich war. Dennoch wurde er, wie viele seiner Vorgänger im Amte, in den folgenden Jahrhunderten im Erzbistum Mainz als Heiliger verehrt. Sein Grab muß zu einem unbekannten Zeitpunkt geöffnet worden sein, denn Kardinal Albrecht von Brandenburg (1514–1545) war im Besitz von Rabanusreliquien (Abb. 7). Heute noch verehren die Diözesen Mainz, Fulda und Limburg Rabanus Maurus als Bistumsheiligen.

## Weiterführende Literatur

Allgemeines: Den schnellsten und zugleich informativsten Überblick über Leben und Werk von Rabanus gibt der Artikel von Sandmann1980a, insbesondere in der um die Anmerkungen erweiterten Fassung von 1980b. Hier auch eine sehr gute Einordnung von Rabans Leben in

Abb. 5 Wenzel Hollar, Stadtansicht von Mainz (Detail): St. Alban

die politischen Verhältnisse seiner Zeit. Eine umfassende, Bibliographie zu allen relevanten Themen auf dem Stand von 1980 gibt auch Spelsberg 1980, S. 210–228.

Die Kontroverse um das genaue Geburtsjahr nimmt breiten Raum in der Literatur ein: s. hierzu umfassend Freise 1982 mit Diskussion der abweichenden Meinungen. – Zu Rabans Mainzer Herkunft, zu seiner Familie sowie zu einem Eintritt ins Kloster detailliert Staab 1982. – Während Rabans Ausbildung bei Alkuin in Tours durch das Selbstzeugnis in *De laudibus* sowie eine Bemerkung der aus dem frühen 10. Jahrhundert stammenden *Gesta abbatum* gesichert ist, kann ein Aufenthalt am Aachener Hof nur indirekt durch eine Notiz bei Theodulf von Orléans erschlossen werden, der in einen Lobgedicht von einem „jungen Raben" spricht, s. hierzu Schaller 1971. – Zu Kloster Fulda um 800 s. Staab 1980a sowie die verschiedenen Beiträge in Schrimpf 1996. – Zu Rabanus als Lehrer und zu seinen Schülern ausführlich Hägele 1980. – Zum Wissenschaftsverständnis von Rabanus s. Aris 1996. – Zu Rabanus als Abt und dessen vielfältigen Aufgaben s. Sandmann 1980b, S. 140–153. – Die sicherlich nicht ohne Rabans Wissen und Billigung erfolgte „Erweiterung" des Privilegs von 751, die durchaus pikant zeigt, wie weit Rabanus zu gehen bereit war, wenn es um die Sicherung der Klostergemeinschaft ging, behandelt Stengel 1960, S. 64ff. – Zu den Hintergründen des Rücktritts von 842 und den Jahren auf dem Petersberg s. Sandmann1980b, S. 148–153. – Rabanus als Erzbischof von Mainz wird ausführlich von Hartmann 1982 behandelt. – Zu Stadt und Erzbistum Mainz in der Mitte des 9. Jahrhunderts s. Falk/Brück 1972, S. 51ff.– Die Verehrung des Rabanus für den hl. Bonifatius behandelt ausführlich Schulze-Dörrlamm 2004. – Zu Tod und Begräbnis des Rabanus sowie der Beurteilung der nicht sehr glaubwürdigen Behauptung, daß Rabanus in Winkel gestorben sei s. Staab 1980b, S. 13.

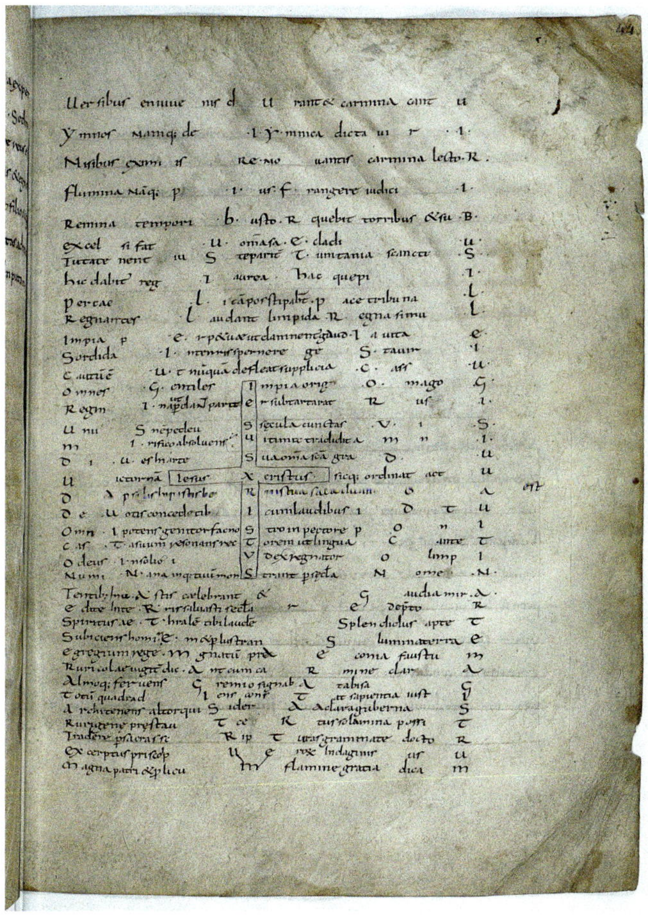

Abb. 6 Bonifatius, Kreuzgedicht, Würzburg, Bayerische Julius-Maximilians-Universität, M.p.th.f.29, fol. 44r

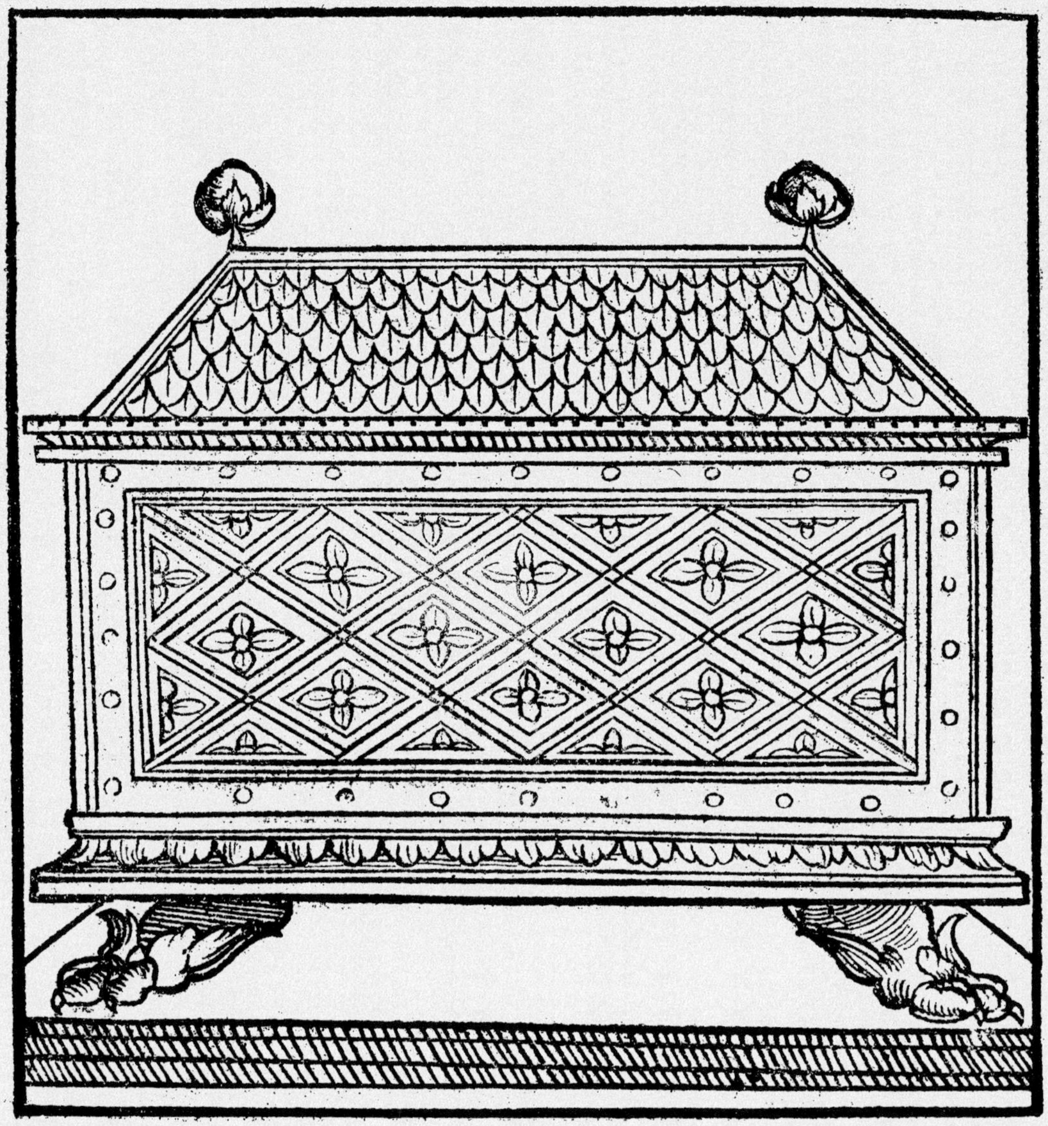

Jtem.xxix.Ein vberſilberter ſarch mit eym C.gezeichent
Dorynne iſt der cörper vñ haubt des heiligen biſchoffs Maxi
mi/der die Homelien gemacht hat.Das haubt vnd der cörper
des heiligen Rabani.

Summa.iiij.partikel.

Abb. 7 Sogenanntes „Halle' sches Heilthums-Buch", 1515: Reliquiar mit Gebeinen des hl. Rabanus Maurus

# Die selbstverfaßte Grabinschrift

*Ehrwürdiger Leser, wenn Du mein Leben in sterblicher Zeit*
*kennenlernen willst, so kannst Du es im Folgenden tun:*
*In der Stadt [=Mainz] nämlich bin ich auf die Welt gekommen*
*und im heiligen Quell wiedergeboren.*
*Danach habe ich in Fulda die heilige Lehre gelernt,*
*dort bin ich Mönch geworden und habe den Befehlen der Ältesten gehorcht.*
*Richtschnur des Lebens war mir die heilige Regel.*
*Obwohl ich sie immer in Unsicherheit und nicht bleibend bewohnte,*
*war die Mönchszelle für mich der willkommene Aufenthalt.*
*Aber, nachdem schon viele Jahre verstrichen waren,*
*kamen Männer, die Schicksale des Klosters zu verändern,*
*mich Schwachen von zu Hause wegzuschleppen, vor den König zu bringen*
*und zu fordern, daß ich das Bischofsamt übernehmen solle.*
*Mich, bei dem eigentlich kein Verdienst der Lebensführung, der Lehrweisheit,*
*keine wohlgefällige Hirtenarbeit zu finden war.*
*Der Geist war willig, aber entkräftet der schwache Leib,*
*doch habe ich getan, was ich konnte und was Gott gab.*
*Nun bitte ich Dich aus dem Grab, lieber Bruder, hilf*
*und empfiehl mich Christus, damit durch das Gebet*
*die Gnade des ewigen Richters mich zur Ewigkeit rette,*
*indem sie nicht das Verdienst ansieht, sondern die tätige Hingebung.*
*Mein Name aber ist Raban, und das Studium des göttlichen Gesetzes*
*habe ich immer und überall geliebt.*
*Allmächtiger Gott, gewähre ihm das Himmelreich*
*und wahre Ruhe für immer in der Himmelsburg.*
*Amen.*

Abb. 8 Sakramentar aus St. Alban, um 900, Detail: Triumphierender Christus (s. Kat.-Nr. 11)

# Die Entstehung von *De laudibus* im Spannungsfeld von Bilderstreit und Glaubenswahrheit

*De laudibus sanctae crucis* („Vom Lob des heiligen Kreuzes“) ist das Erstlingswerk von Rabanus und zugleich seine auch heute noch bekannteste Schrift. Dies hängt nicht zuletzt damit zusammen, daß dieses um 810 entstandene Werk, im Gegensatz zu allen anderen Schriften des Rabanus, in seiner originalen bebilderten Fassung auf uns gekommen ist. Seine übrigen Arbeiten hingegen waren entweder von vornherein nicht bebildert oder aber sie sind, wie z. B. *De universo*, nur in illustrierten Fassungen aus späterer Zeit überliefert. Die Miniaturen von *De laudibus*, die in der Ausstellung dank der überaus großzügigen Leihbereitschaft der Biblioteca Apostolica Vaticana in ihrer ganzen originalen Schönheit gezeigt werden können, lassen jedoch allzu leicht den überaus komplexen, im Zeichen des Kreuzes (Abb. 9) stehenden Inhalt des Werkes vergessen (s. hierzu den Artikel „Einzelinterpretation“, S. 43ff). Entstehung und Eigenart von *De laudibus* sind wiederum nur vor dem historischen Hintergrund der brennenden politischen und theologischen Fragen der Karolingerzeit zu verstehen: dem von Byzanz ins Frankenreich getragenen Bilderstreit sowie der Diskussion um die sogenannte „Gottessohnschaft“ Christi und das Wesen seiner göttlichen und menschlichen Natur (Abb. 8). Auch ein Blick auf die im Abendland vorhandenen Kreuzreliquien und deren Verehrung hilft, den historischen Kontext von *De laudibus* näher zu bestimmen.

## I. Das Frankenreich und die Frage der Bilder

Im 8. und 9. Jahrhundert tobte im byzantinischen Reich eine heftige Auseinandersetzung um die religiösen Bilder und deren Verehrung, der sogenannte „Bilderstreit“. Zunächst hatte der byzantinische Kaiser Leon III. (717–741) die insbesondere in den Klöstern des Reiches überhand nehmende Bilderverehrung als Götzendienst gebrandmarkt und die Bilder verboten. In den folgenden Jahrzehnten wechselten bilderfeindliche Phasen mit solchen, in denen die Verehrer des Bildes die Oberhand gewannen. Zur Klärung des Bilderstreites trat deshalb im Jahre 787 in Nicäa ein Konzil zusammen. Es verurteilte nach längerer Beratung die Bilderfeindlichkeit und sprach sich für eine Verehrung der Bilder aus. Auch zwei von Papst Hadrian I. (772–795) entsandte Legaten stimmten diesem Ergebnis zu. Für Karl den Großen bedeutete dieses Konzil einen Affront: obwohl

Abb. 9 Kreuzgedicht XVI aus *De laudibus sanctae crucis*, um 825/26, Rom, Biblioteca Apostolica Vaticana, Codex Reg. lat. 124, fol. 23v, Detail: Kreuz mit Blüten

Herrscher eines ähnlich machtvollen Reiches hatte ihn Byzanz zu dem als ökumenisch deklarierten Konzil nicht geladen. Außerdem mißtraute er, der Schutzherr des Papstes, jeder potentiellen Annäherung zwischen Rom und Byzanz. Empört beauftragte er wohl 791/92 seine Hoftheologen mit einer Stellungnahme, die im sogenannten *Opus contra synodum* festgehalten wurde. Nach dem Auftraggeber, der nach außen auch als Autor auftritt, wird diese Schrift als *Libri Carolini* bezeichnet. Als Grundlage für ihre Stellungnahme diente den fränkischen Autoren eine mangelhafte lateinische Übersetzung der in griechischer Sprache verfaßten nicäischen Ergebnisse: so werden z. B. die in den Konzilsakten niedergelegten griechischen Begriffe *proskynesis* (= Verehrung; eine solche kann den Bildern zukommen) und *latreia* (= Anbetung; sie bleibt allein Gott vorbehalten) einheitlich mit *adoratio* („Anbetung") übersetzt, und zwar auch in den Fällen, wo eigentlich *veneratio* („Verehrung") gemeint war. Folgerichtig wurden die Beschlüsse des Nicäums hart angegriffen und als „albern und anmaßend" (*stolide sive arroganter*) verurteilt.

Hierdurch wurde die bereits angespannte Lage zwischen dem Frankenreich und Byzanz, das sich nun auch noch mit dem Vorwurf der Häresie konfrontiert sah, zusätzlich verschärft. Der Entwurf der *Libri Carolini* wurde spätestens 793 Papst Hadrian I. überreicht, der nach neuem Streit mit Byzanz um Süditalien grundsätzlich an einem Einverständnis mit dem fränkischen Herrscher interessiert war. Daraufhin berief Karl der Große 794 ein eigenes Konzil in Frankfurt ein – ohne byzantinische Beteiligung, aber ebenfalls mit zwei päpstlichen Legaten. Unter seinem Vorsitz wurde die *adoratio*, die Anbetung der Bilder, offiziell als Häresie verurteilt. Mit diesem synodalen Beschluß schien die Stellung des Abendlandes in der Bilderfrage geklärt zu sein; eine rechtsverbindliche Veröffentlichung der eigentlichen Diskussionsgrundlage, der *Libri Carolini*, unterblieb aber mit Rücksicht auf den Papst, der durch Legaten ja zunächst dem einen, dann aber auch dem anderen, konträren Synodalbeschluß zugestimmt hatte.

Mit dem Konzil von 794 sind die Streitigkeiten um die adäquate Verehrung der Bilder im Reich der Karolinger noch nicht beendet. Nach dem Tode Karls des Großen kommt es unter seinem Nachfolger Ludwig dem Frommen (814–840, s. Abb. 56) vor allem in Italien und Gallien zu heftigen bilderfeindlichen Reaktionen. Die (Erz)Bischöfe Agobard von Lyon (816–840) oder Claudius von Turin († 827) lassen in ihren Diözesen die Bilder aus den Kirchen entfernen und trotz des Widerstandes ihrer Gemeinden zerstören. Claudius verdammte aber nicht nur die Bilder, deren Verehrung er als Götzendienst ablehnt. Auch die Verehrung des Kreuzes verweigerte er vehement mit dem Argument, daß es eine „Beschimpfung des Leidens" (*obprobrium passionis*) des Herrn sei und die „Verhöhnung seines Todes" (*inrisio mortis*) verkörpere. Ähnlich wie sein Vater sah sich Kaiser Ludwig zu einer Antwort auf diese Umtriebe gezwungen. Er gab bei Jonas von Orléans (818–843) eine Stellungnahme zum Thema in Auftrag, die dieser, mit betont bilderfreundlicher Tendenz, um 825 mit seiner Streitschrift *De cultu imaginum* vorlegte. Jonas war auch Teilnehmer der im selben Jahr stattfindenden Synode von Paris, die die Position des Abendlandes in der Frage der Bilder verbindlich festlegen und zugleich zwischen Bildersturm und Bildverehrung vermitteln sollte. Anders als 794, als man sich vorwiegend an den Argumenten der Bibel und deren Gebot orientiert hatte, daß man sich kein Bild machen dürfe, griff man nun verstärkt auf die Argumente der Kirchenväter zurück, die im spätrömischen Reich in einer Welt der Bilder gelebt und ihnen zumeist freundlich gegenübergestanden hatten. Insbesondere Augustinus und Gregor der Große ließen die Bilder zu, da sie der *memoria*, d. h. der Erinnerung an Christus und die Heiligen seiner Kirche dienten und außerdem geeignet waren, die „Ungebildeten", die *illiterati*, zu belehren. Unter Berufung auf die *auctoritas* der Kirchenväter stellte die Synode dezidiert den Nutzen der Bilder fest.

In Seligenstadt am Main, quasi in der Nachbarschaft zu Fulda und Rabanus, lebte in jenen Jahren Abt Einhard (um 770–840), der berühmte „Biograph" Karls des Großen. Er weiß luzide zwischen den verschiedenen Begrifflichkeiten der Verehrungsformen und zwischen den Bedeutungsstufen der Bildgegenstände zu unterscheiden. In seiner 836 entstandenen Schrift *Quaestio de adoranda cruce* („Streitschrift über die Verehrung des Kreuzes") wendet er sich zunächst dem Begriff *orare* zu, den er als die Hinwendung eines Betenden an den unsichtbaren Gott mit der Bitte um Hilfe definiert. *Adoratio* hingegen richte sich auf einen sichtbaren Gegenstand, dem man sich in einer bestimmten Geistes- oder Körperhaltung, z. B. einem Kniefall, nähere, um ihm Verehrung zu erweisen. Ein solcher Gegenstand sei vor allem das Kreuz, dem Einhard dezidiert die *adoratio* nicht im Sinne der Anbetung, aber gemäß der oben definierten Verehrungsform zubilligt.

Mit diesem kurzen Abriß zu vier Jahrzehnten Bilddiskurs im Karolingerreich wird das Spannungsfeld deutlich, in dem Rabans *De laudibus* entstand und rezipiert wurde. Form und Inhalt des Werkes und insbesondere die gewählte Darstellungsweise der Miniaturen sind nur vor diesem Hintergrund zu verstehen und zu würdigen. Um 810 – und damit noch nicht einmal zwei Jahrzehnte nach den *Libri Carolini* entstanden – wird Rabans Erstlingswerk nicht unberührt von der dort geführten Diskussion um das Wesen des Bildes geblieben sein. Dies ist um so wahrscheinlicher, da die *Libri Carolini* zwar federführend von Theodulf, dem Bischof von Orléans, verfaßt worden sind; jedoch wird eine Mitautorschaft von Rabans Lehrer Alkuin in Erwägung gezogen. Der junge Rabanus, der zumindest zeitweise um und vielleicht auch vor 800 Alkuins Schüler war, dürfte daher wohl von früher Jugend an mit dem Streit um die Bilder konfrontiert worden sein.

Zusammen mit den *Libri Carolini* wird Rabanus das den bloßen Schein vorgaukelnde Bild verurteilt haben. Dies geht auch aus einem in seinem Zusammenhang allerdings unklaren da fragmentierten Brief Rabans hervor, wo es heißt: „Eine leere Schönheit im Bild [und] eine falsche (Schönheit) der Farben (…) ist die Malerei, die auf nicht angemessene Weise die Gestalten der Dinge darstellt“ *(vana in imagine forma … falsa colorum pictura ostentans rerum non rite figuras,* zit. nach Spilling 1992, S. 23.) Tatsächlich finden sich, mit Ausnahme der auf eine antike Vorlage im illusionistischen Stil zurückzuführenden Seraphim- und Cherubimdarstellung (Abb. 10 und 32), im vatikanischen *Laudibus* keine im klassischen Sinn „realistischen“ Wiedergaben. Wie die Miniaturen anderer karolingischer Handschriften aber beweisen, wäre dies durchaus möglich gewesen. Schließlich waren die Maler der Epoche durchaus in der Lage, unter Rückgriff auf antike Vorbilder durch Licht und Schatten eine gewisse Dreidimensionalität hervorzurufen oder durch die Verwendung der Luftperspektive scheinbar greifbare Körper im (Bild)Raum zu schaffen. Dieser illusionistische Stil war von Rabanus für *De laudibus* aber ganz offensichtlich nicht gewünscht. So ist in den Bildern seiner Kreuzgedichte z. B. die Person des Kaisers Ludwig (s. Abb. 56) oder die des Gottessohnes (s. Abb. 26) ebenso zweidimensional gehalten wie die zahlreichen Kreuzdarstellungen. Sie alle gewinnen ihr Leben allein durch den Umriß und stellen sich damit in den Dienst des Wortes, das sie mit ihrer Kontur definieren. Hierdurch arbeiten sie aus dem Basistext immer

Abb. 10 Kreuzgedicht IV aus *De laudibus sanctae crucis*, um 825/26, Rom, Biblioteca Apostolica Vaticana, Codex Reg. lat. 124, fol. 11v, Detail: Cherubim

neue Sentenzen heraus, die wiederum zur Bestimmung des tieferen theologischen Gehaltes des Wortes, aber auch des Dargestellten dienen. Die keine eigentliche Wirklichkeit besitzenden Bildgegenstände leisten dabei zwar eine Interpretationshilfe, aber nur auf einer niederen formalen Ebene. Dies steht in Einklang mit den *Libri Carolini*, die ausdrücklich festhalten, daß allein das durch die ersten Sätze der Bibel geheiligte *verbum* die innere Wahrheit besitzt: *Pictores igitur rerum gestarum historias ad memoriam reducere quodammodo valent, res autem, quae sensibus tantummodo percipiuntur et verbis proferuntur, non a pictoribus, sed ab scriptoribus conprehendi et aliorum relatibus demonstrari valent* („Maler vermögen es also in gewisser Weise, die Geschichten vergangener Taten wieder ins Gedächtnis zu rufen; die Dinge aber, die nur von den inneren Sinnen erfaßt und durch Worte ausgedrückt werden, können nicht von Malern, sondern nur von Schriftstellern formuliert und durch die Auslegungen anderer erläutert werden“; *Libri Carolini*, III, 23, zit. nach Müller 1973, S. 135, Anm. 269).

Dabei gilt es zu beachten, daß das Mittelalter die heute übliche Unterscheidung zwischen Wort und Bild als zwei unterschiedliche Gattungen nicht kannte. Beide sind, wie es Augustinus in *De doctrina christiana* (II,2) für diese Epoche verbindlich formuliert hat, *signa* („Zeichen“) und besitzen lediglich verweisenden Charakter auf die hinter ihnen liegende Wahrheit. Wie in keiner anderen Schrift des Frühmittelalters verschmelzen beide in Rabans Figurengedichten in einer vollendeten Symbiose, die dem Betrachter/Leser ein Optimum an inhaltlicher Eindeutigkeit vermittelt. Dies ist im Falle von *De laudibus* besonders wichtig, geht es doch hier um nichts geringeres als um die rechte Lehre von den Naturen Christi sowie um das Wesen des Kreuzes und die mit ihm verbundene Botschaft von Heil und Erlösung.

## II. Zwischen *signum* und *imago*: Rabans programmatische Christusdarstellung

Neben der um 800 diskutierten Frage nach dem Wesen und der Funktion der Bilder wird in dieser Zeit außerdem über das Verhältnis von göttlicher und menschlicher Natur in der einen Person Christi gestritten. Diese bereits in der Spätantike geführte Diskussion war zwar grundsätzlich mit der christologischen Formel des Konzils von Chalcedon (451) – zwei Naturen in einer Person, unvermischt und ungetrennt – abgeschlossen. Auf der iberischen Halbinsel wurde aber weiterhin und um 800 verstärkt über das Wesen Christi diskutiert. Hier sind vor allem Erzbischof Elipand von Toledo (um 717–nach 798) und Bischof Felix von Urgel († 818) zu nennen, die die Lehre des sogenannten „Adoptianismus“, vertraten, der Frage nach der Gottessohnschaft Christi. Nach dieser Lehre war Christus Gottes Sohn von Ewigkeit her in seiner Gottheit *(filius Dei uiui secundum diuinitatem)*, aber Gottessohn in seiner Menschheit erst seit der Taufe im Jordan *(adoptibus humanitate)*. Da Urgel in der Spanischen Mark gelegen war und somit zum Reich der Franken gehörte, war der häretische Adoptianismus auch dessen Problem. Auf mehreren Synoden (Regensburg, Frankfurt, Cividale und Aachen) wurde er zwischen 792 und 800 streng verurteilt.

Als Schüler von Alkuin und als hervorragender Theologe dürfte Rabanus sowohl mit der Frage der Bilder als auch mit der grundsätzlichen Bedeutung der Wesenheit Christi vertraut gewesen sein. Die durch diese beiden Fragen aufgeworfenen Probleme muß Rabanus bereits gründlich durchdacht haben, als er an die Verwirklichung von *De laudibus* herantrat, denn vor allem in die bildnerische Ausgestaltung dieser Schrift fließen beide Themen mit ein, zwar nur indirekt aber dennoch deutlich ablesbar. Dies läßt sich am besten aus der Christusdarstellung ableiten, die Rabanus sicherlich bewußt als erstes der Kreuzgedichte an den Anfang des Werkes setzt (Abb. 11). Hier begegnet der Betrachter nicht etwa, wie man es vom Titel her erwarten würde, einer Darstellung des Kreuzes. Statt dessen sieht er sich einer figürlichen Abbildung Christi gegenüber. Frontal wiedergeben, blicken dessen weit geöffnete Augen den Betrachter ernst und intensiv an. Es ist also offensichtlich der lebende Christus gemeint. Seine Arme sind angehoben und waagerecht nach beiden Seiten ausgestreckt. Hierdurch wird der Eindruck eines Christus am Kreuz hervorgerufen, doch die infolge der Kreuzigung zu erwartenden Wundmale fehlen ebenso wie das Kreuz selbst; an seiner Stelle findet sich lediglich der basale Text auf gelbem Grund (s. Abb. 26).

Anders als bei vergleichbaren Darstellungen der Karolingerzeit (vgl. Kat.-Nr. 10 und 11) ist hier nicht der in seiner Göttlichkeit triumphierende Christus gemeint. Hier wird die menschliche Natur Christi abgebildet und damit – bewußt – nur ein einzelner, wenn auch eminent wichtiger Teilaspekt des Wesens Christi. Diesen Teilaspekt begreift Rabanus lediglich als *signum*, als Zeichen für etwas Größeres. Die doppelte Wesenheit Christi kann nämlich in keinem von Menschenhand geschaffenen Abbild *(imago)* eingefangen werden. Statt dessen gilt es zu unterscheiden zwischen der (darstellbaren) menschlichen und der (nicht darstellbaren) göttlichen Natur des Herrn. In der der Miniatur beigefügten *declaratio* auf der gegenüberliegenden Seite äußert sich Rabanus hierzu klar und eindeutig. Aufgrund der programmatischen Bedeutung dieser Zeilen für *De laudibus* insgesamt sowie der (bedauerlichen) Tatsache, daß dieser Text bislang noch nie ins Deutsche übersetzt wurde, sei zumindest seine erste Hälfte hier erstmals in deutscher Sprache wiedergegeben:

„Sehet, das Bild des Heilandes heiligt durch die Anordnung seiner Glieder uns die heilbringendste, süßeste und liebevollste Form des Heiligen Kreuzes, daß wir, wenn wir an seinen Namen glauben und auf seine Gebote hören, durch seine Passion die Hoffnung auf das ewige Leben haben; daß, sooft wir das Kreuz erblicken, dessen uns erinnern, der für uns an diesem gelitten hat, damit er uns aus der Herrschaft der Unterwelt herausreiße, indem er den Todesbecher bis zur Neige ausgetrunken hat, daß wir zu Erben des ewigen Lebens gemacht werden; der in den Himmel aufgebrochen ist, nachdem er sich die Engel, Mächte und Gewalten

Abb. 11 Kreuzgedicht I aus *De laudibus sanctae crucis*, um 825/26, Rom, Biblioteca Apostolica Vaticana, Codex Reg. lat. 124, fol. 8v, Detail: Christus

Abb. 12 Kreuzgedicht VII aus *De laudibus sanctae crucis*, um 825/26, Rom, Biblioteca Apostolica Vaticana, Codex Reg. lat. 124, fol. 14v, Detail: Der Ring des Winters und der Nacht

unterworfen hat; daß wir erkennen, daß wir nicht mit vergänglichem Silber oder Gold erlöst worden sind von unserem leeren Gebrauch der väterlichen Tradition, sondern durch das kostbare Blut des gleichsam unberührten Lammes und des unbefleckten Christus, daß wir heilig und unbefleckt sind bei seinem Anblick in der Liebe, daß wir durch das Kreuz zu Teilhabern an der göttlichen Natur gemacht werden, indem wir die Verderbnis dessen, was es an Begierde in der Welt gibt, fliehen.

Es sind auch auf dieser Seite Namen desselben unsrigen Erlösers in Versen dargebracht, nämlich einige aus seiner göttlichen Natur, einige aber aus der Disposition der übernommenen Menschennatur, damit offenbar würde, daß er derselbe Mittler zwischen Gott und den Menschen, auch in der Gottheit gleichen Wesens und auf gleicher Stufe und durch die Mutter in der angenommenen Menschennatur gleicher Natur und auf gleicher Ebene ist, da er unsere vollständige Natur vollkommen angenommen hat außer der Sünde" (lateinische Originalfassung bei Perrin 1997, S. 29).

Dieses Geheimnis der beiden Naturen Christi muß zwar notwendigerweise zeichenhaft bleiben, doch mit *De laudibus* fordert Rabanus dazu auf, dieses Mysterium immer neu zu durchdenken und von allen Seiten zu betrachten. Hierzu dienen die im basalen Text dieses Gedichtes aufgezählten Namen Christi ebenso wie die in den Figurengedichten verankerten Christussymbole, z. B. das Christogramm (s. Abb. 46) oder aber die Unendlichkeit der Kreisform (Abb. 12). In einem einzelnen, noch dazu der trügerischen sinnlichen Wahrnehmung verpflichteten Abbild „aus vergänglichem Silber oder Gold" *(corruptibili argento vel auro)* läßt sich Christus ebenso wenig erfassen wie in nur einem Namen oder einem einzigen Symbol. Bild und Text von Kreuzgedicht I sind deshalb ebenso wie der gesamte Zyklus nur der Versuch einer Annäherung an die unerschöpfliche Vielfalt des göttlichen Mysteriums der *imago Christi* bzw. der dahinterstehenden Frage der *imago Dei*. Rabanus selbst formuliert dies ganz eindeutig, wenn er in der Erläuterung zu dieser Miniatur schreibt: *Imago dicitur propter parem similitudinem Patris. Figura, quod suscipiens formam serui, per operum uirtutumque similitudinem, Patris in se imaginem atque inmensam magnitudinem designauit* („Er [Christus] wird [Eben-]„Bild" genannt wegen der ebenbürtigen [wörtl.: gleichen] Ähnlichkeit mit dem Vater. „Gestalt" wird er [Christus] genannt, weil er die [menschliche] Gestalt eines Dieners angenommen hat, [der] durch die Ähnlichkeit in Taten und Tugenden das Abbild und die unermeßliche Größe des Vaters in sich vorweist", zit. nach Perrin 1997, S. 31). Den Menschen Christus darzustellen bedeutet also nicht nur, sich die Heilswahrheit der Erlösung vor Augen zu führen, von hier führt auch ein Weg der Erkenntnis weiter zum Gottessohn und über diesen zum Vater: *Hic est principium omnium rerum, hic nobiscum Deus, hic origo et finis uniuersorum est, lux vera, imago patris inuisibilis,* zit. nach Perrin 1997, S. 227 („Er [Christus] ist aus sich heraus der Ursprung aller Dinge, er ist der Gott, der mit uns ist, er ist Anfang und Ende der ganzen Welt, das wahre Licht, das Bild des unsichtbaren Vaters").

Mit dieser Interpretation bezieht Rabanus eine eindeutig positive Stellung in der Frage des Bildes. Für dessen Gegner besitzt allein die – nicht darstellbare – göttliche Natur Christi Bedeutung; das Bild ist somit entweder, im besten Fall, überflüssig oder aber Gegenstand des Götzendienstes. Rabanus sieht dies anders; nicht umsonst gibt er mit der prominenten Plazierung der Miniatur direkt am Anfang des Gedichtzyklus eine bewußt programmatische Stellungnahme ab. Er vertritt, anders als die *Libri Carolini*, eine gemäßigt bilderfreundliche Auffassung, die den Abbildern in ihrer Eigenschaft als *signa* durchaus (Teil-)Offenbarungscharakter zuerkennt. Da die menschliche und deshalb darstellbare Natur Christi ein zentrales Element im heilsgeschichtlichen Plan Gottes ist und nur über sie der Weg zur Erlösung führt, sollte, ja muß sie abgebildet werden. Damit steht Rabanus nicht in der Nachfolge der *Libri Carolini*, sondern eher in der Tradition der ursprünglichen Meinung von Papst Hadrian I., der in seiner Antwort auf das Konzil von Nicäa 787 darauf hinwies, daß „unser Geist von der sichtbaren Erscheinung zur spirituellen Hinwendung, zur unsichtbaren Majestät Gottes gedrängt wird mit Hilfe des Betrachtens von Bildern, welche das Fleisch malen, das der Gottessohn für würdig erachtete, zu unserem Heil anzunehmen" *(Ut per visibilem vultum ad invisibilem divinitatis majestatem mens nostra rapiatur spirituali affectu per contemplationem figuratae imagines secundum carnem, quam Filius Dei pro nostra salute suscipere dignatus est,* zit. nach Saurma-Jeltsch 1997, S. 642). Mit seiner überaus positiven Einstellung zum Verweischarakter des Bildes nimmt Rabanus Maurus eine durchaus beachtenswerte und fortschrittliche Stellung in der Bilderfrage ein, wie sie für das Frankenreich offiziell erst in den Beschlüssen von 825 formuliert wurde.

Nachdem Rabanus in der programmatischen Christusminiatur seine Grundpositionen dargelegt hat, ist es mithin nicht notwendig, im Verlauf des Gedichtzyklus weitere und inhaltlich bestenfalls redundante Christusdarstellungen zu bringen. Deshalb taucht das Abbild Christi auch nur ein einziges Mal, eben in Kreuzgedicht I, auf. Alle anderen Miniaturen verwenden einfache Kreuzdarstellungen oder aber Christussymbole und auch Christus am Kreuz wird nicht abgebildet, wie man beim Thema des Werkes vielleicht vermuten würde. Auch Rabanus selbst hat davor zurückgescheut, sich vor einem Kruzifixus abbilden zu lassen: hierfür wählte er Figurengedicht XXVIII mit seiner unverfänglichen *crux gemmata* (s. Abb. 54).

Anders als z. B. die byzantinische Ikone geraten die Miniaturen von *De laudibus* nie in Gefahr, in den Ruch eines Anbetungsobjektes zu kommen, d. h. das Dargestellte auch wirklich zu SEIN. Zu groß ist ihr durch die Bindung an den Text hervorgerufener Abstraktionsgehalt. Dabei erfüllen, funktional betrachtet, Bild und Text durchaus gleichartige Aufgaben: beide umkreisen das Mysterium des Kreuzes, das als einziges Symbol in der Lage ist, die größtmögliche Annäherung des menschlichen Begreifens an den göttlichen Heilsplan zu bieten. Aber auch die Darstellung des Kreuzes kann letztendlich keine innere Wahrheit beanspruchen, auch sie ist nur das wenn auch hoheitsvollste *signum* für den durch Christus und das Kreuz verwirklichten Heilsplan.

## III. Kreuzverehrung im Karolingerreich

Wie oben kurz skizziert, werden zu Lebzeiten von Rabanus Wesen und Heilswirksamkeit des Kreuzes vor dem Hintergrund seiner Darstellbarkeit intensiv diskutiert. Nicht zufällig widmen die *Libri Carolini* dem Kreuz einen eigenen Abschnitt. Hier genießt es die höchste Wertschätzung, da es das wichtigste Zeichen des Triumphes und der Erlösung sei, das, gleichsam personalisiert, für den in seinen zwei Naturen nicht darstellbaren Christus steht: „Das Kreuz ist zu ergreifen und Dir ist zu folgen, der Du durch das Kreuz triumphierend das Irdische mit dem Himmlischen verbunden hast (...). Nicht sind die Bilder dem Kreuz zu vergleichen, nicht zu verehren, nicht zu ehren, (...), sondern Du allein bist zu verehren, Dir allein ist nachzufolgen, Du allein bist zu ehren, der Du in der Einheit des Wesens mit dem Vater und dem Heiligen Geist ewig regierst" (*Libri Carolini,* II, 28, 89, zit. nach Thümmel 1997, S. 974). Anders als das aus „toten Farben" gemalte Kultbild, das die Byzantiner im Kampf gegen ihre Gegner vorantragen, – hier dürfte eine in Byzanz besonders verehrte Marienikone, die sogenannte *Hodegetria* gemeint sein - verheißt nach fränkischem Verständnis allein das als Feldzeichen *(vexillium)* bezeichnete Kreuz (Abb. 13) den Sieg gegen Feind und Teufel gleichermaßen: „Mit der Kreuzstandarte bewaffnet, nicht mit Bildern, wurde der altböse Feind bezwungen. Mit dem Glanz dieser Waffen, nicht mit Farbenschminke, wurde der Teufel ausgetrieben. Durch sie, nicht mit Bildern, sind die Pforten der Hölle gesprengt worden. Am Kreuz, nicht an Bildwerken, hing das Erlösungsopfer. Nicht irgendeine Malerei, sondern das Kreuz ist die Insignie unseres Königs, auf die die Verbände unseres Heeres unaufhörlich blicken. Dem Kreuz folgen unsere Heerscharen in die Schlacht" (*Libri Carolini*, II, 28, dt. Übersetzung zit. nach Ernst 1991, S. 141).

Diese besondere Wertschätzung des Kreuzes ist vor dem Hintergrund der zunehmenden Anzahl von Kreuzreliquien zu sehen, die im 8. und 9. Jahrhundert ins Frankenreich gelangen (Abb. 14). Quelle dieser Reliquienschenkungen ist Konstantinopel: hier werden

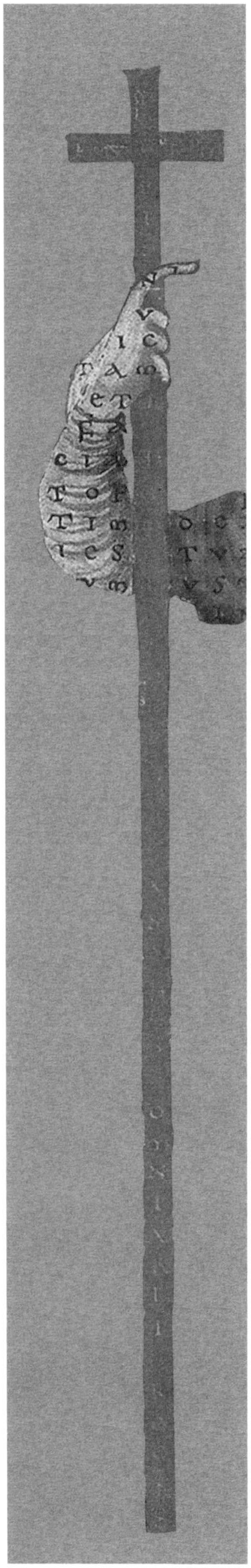

Abb. 13 *De laudibus sanctae crucis*, um 825/26, Rom, Biblioteca Apostolica Vaticana, Codex Reg. lat. 124, fol. 4v, Detail: Das Feldzeichen des Kreuzes

seit der Eroberung von Jerusalem durch die Araber im Jahre 638 große Teile des der Legende nach im 4. Jahrhundert von der Kaiserin Helena aufgefundenen Kreuzes aufbewahrt. Byzanz betreibt eine gezielte Vergabe von einzelnen Kreuzpartikeln: so wird im Abendland nur den höchsten öffentlichen Würdenträgern, allen voran den Päpsten, die Ehre eines solchen Reliquiengeschenkes zuteil. Deshalb ist zunächst Rom ein frühes Zentrum, das Kreuzreliquien beherbergt, doch im 6. Jahrhundert lassen sich auch in Gallien bereits Kreuzpartikel nachweisen. Neben Vienne (Dept. Isère) und Orléans ist es vor allem das mächtige Kloster St. Martin in Tours, das, wie Gregor von Tours berichtet, bereits vor 565 eine Kreuzreliquie unbekannter Herkunft besaß. Das Kloster Sainte-Croix in Poitiers wiederum erhielt seine namensgebende Reliquie vor 573 aus Konstantinopel: erbeten hatte sie die Königin Radegunde (um 520–587), die zurückgezogen in jenem Kloster lebte. Nach diesen vergleichsweise bescheidenen Anfängen erlebt das Reich der Franken vor und vor allem in den ersten Jahrzehnten nach 800 eine wahre Flut an Kreuzreliquien. Schenkungen von Kreuzpartikeln sind vor allem für die bedeutenden westfränkischen Klöster, z. B. Saint-Riquier, Corbie oder Aniane belegt, aber auch Karl der Große nannte in Aachen einen Reliquienschrein sein eigen, der, neben anderen Reliquien, auch Kreuzpartikel enthielt. Am Rhein scheint Mainz *das* Zentrum gewesen zu sein, das bereits vor 800 einen größeren Bestand von Kreuzreliquien besaß. Aus ihm wurden verschiedene der Erzdiözese verbundene Kirchen bedacht: so unter Erzbischof Lullus (754–786) St. Wigbert in Hersfeld, unter Erzbischof Otgar (826–847) St. Justinus in Höchst oder unter Rabanus Maurus Holzkirchen in Unterfranken. Für die Klosterkirche in Fulda läßt sich um 818 eine Kreuzreliquie belegen; vielleicht stammte auch sie aus Mainzer Besitz und wurde im Zusammenhang der Kirchweihe durch den Mainzer Erzbischof Haistulf übergeben.

An den Orten, an denen die Kreuzpartikel aufbewahrt wurden, entwickelte sich die Lobpreisung des Kreuzes in Gedichtform. So dichtet Venantius Fortunatus († um 600) über die Kreuzreliquie von Poitiers zwei Kreuzhymnen, *Pange lingua gloriosa* („Besinge in ruhmvoller Sprache“) und *Vexilla regis* („Feldzeichen des Königs“). Alkuin wiederum verherrlicht mit *Crux, decus es mundi* („Kreuz, Du Zierde der Welt“) die Reliquie, die in seinem Touroner Kloster aufbewahrt wurde. Ähnlich wie bei diesen prominenten Vorgängern, so wird

1 Aosta
2 Aquileja
3 Florenz
4 Monza
5 Neapel
6 Ravenna
7–12 Rom
13 Taormina
14 Pfäfers
15 Sankt Gallen
16 Schännis
17 Aniane
18 Auxerre
19 Charroux
20 Compiègne
21 Corbie
22 Cysoing
23 Gellone
24 Narbonne
25 Orléans
26 Paris
27 Poitiers
28 Saint-Amand
29 Saint-Riquier-en-Ponthieu
30 Saint-Wandrille
31 Sens
32 Soissons
33 Toulouse
34 Tours
35 Vienne
36 Aachen
37 Frankfurt
38 Fulda
39 Hersfeld
40 Höchst
41 Holzkirchen
42 Mainz
43 Prüm
44 Regensburg
45 Pfalz Regenunto bei Regensburg
46 Werden an der Ruhr
47 Würzburg
48 Zelle bei Worms
49 Glastonbury
50 Windsor (?)

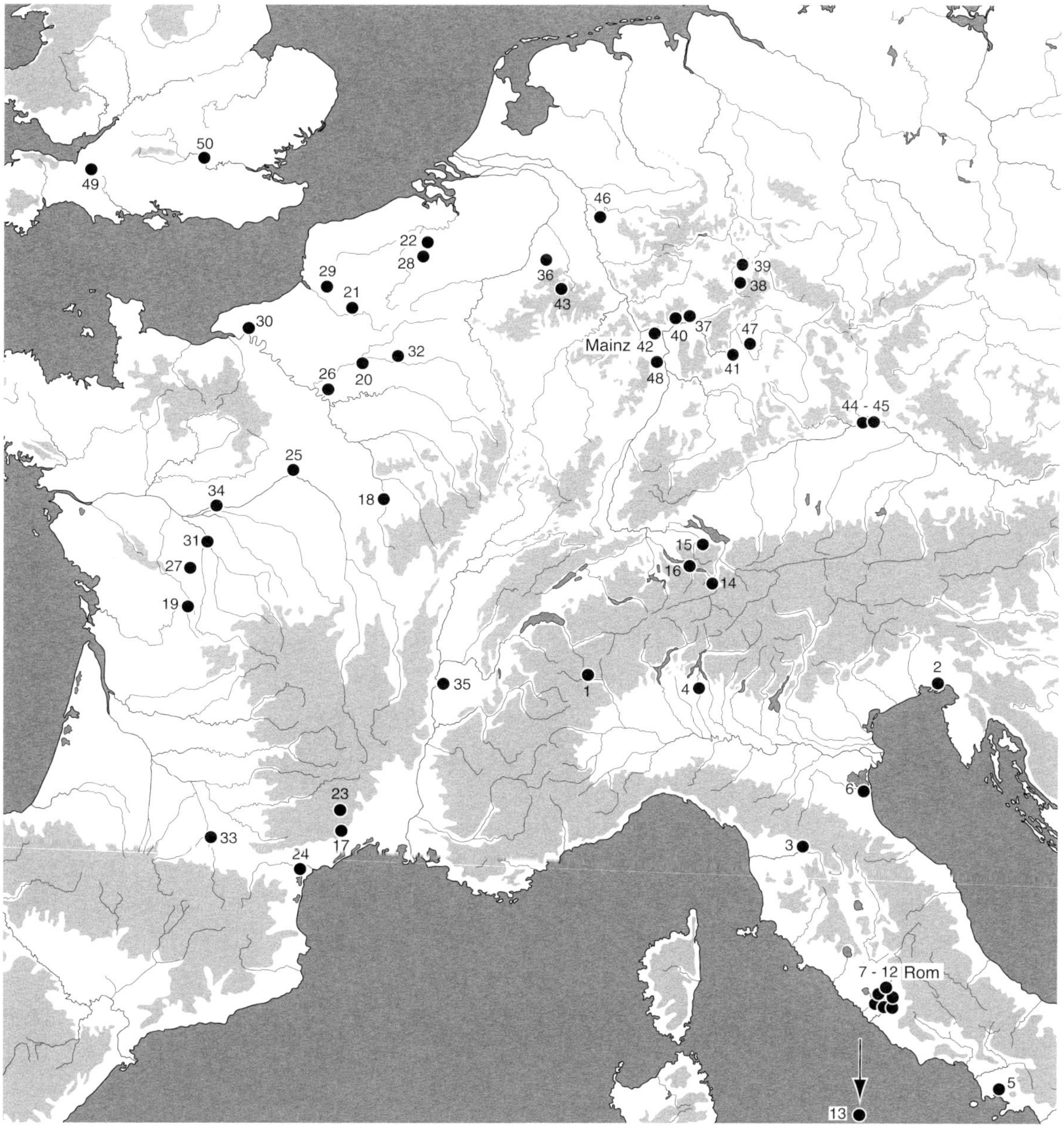


Abb. 14 Karte: Kreuzreliquien im Abenland

auch für die Entstehung von Rabans *De laudibus* die Verehrung einer konkreten Kreuzreliquie zumindest anregend, wenn nicht gar ausschlaggebend gewesen sein. In Tours, vielleicht auch bei einem Aufenthalt in Aachen, vor allem aber in seiner Heimatstadt Mainz hatte er vor einem Teil des Kreuzes Christi hinreichend Gelegenheit, seine besondere Liebe zu diesem verehrungswürdigen Objekt zu entwickeln, die sich um 810 in einem der schönsten Gedichtzyklen des frühen Mittelalters niederschlagen wird.

## Weiterführende Literatur:

Literatur zum Bilderstreit: Ostrogorsky 1929 sowie Thümmel 1991. – Aus der umfangreichen Literatur zu den *Libri Carolini* seien hier genannt Von der Steinen 1930 sowie, als neuerer Beitrag, Thümmel 1997; zur Diskussion um die Autorenschaft der *Libri Carolini* s. Freeman 1957 sowie Freeman 1965, die Theodulf für federführend hält, s. aber auch die Ergänzungen in Freeman 1988. Wallach 1961 vermutet hingegen die Endredaktion in den Händen Alkuins. – Zum Pariser Konzil von 825 sowie zu Claudius von Turin, dem Hauptgegner des Bildes im Frankenreich s. die auch heute noch unübertroffene Gesamtdarstellung von Haendler 1958, insbesondere S. 102–138 sowie Van Banning 1997. Gute, allgemein gehaltene Zusammenfassung, die vor allem auch Rabans *De laudibus* in diesen Kontext einordnet bei Müller 1973, S. 134–144. – Zu Einhard s. als neueren Beitrag den Sammelband von Schefers 1997 sowie speziell zur *Quaestio de adoranda cruce* Müller 1973, S. 134–137f sowie Hauck 1974, S. 211–219 mit Übersetzung. – Aus der umfangreichen Literatur zum Adoptianismus sei hier neben der älteren Studie von Heil 1970 auf die jüngere Arbeit von Hainthaler 1997 sowie die beiden englischsprachigen Beiträge von Cavadini 1993 bzw. 1997 verwiesen. – Zur Interpretation der Christusminiatur des Kreuzgedichtes I s. neben den allgemeingehaltenen Darlegungen von Taeger 1970, S. 64 ff und Ernst 1991, S. 227–280 vor allem Becht-Jördens 1996, S. 336–342. – Zur Relation von Schrift und Bild in karolingischer Zeit Allgemeines bei Saurma-Jeltsch 1997, vor allem S. 638–644 und Brenk 1994 sowie, speziell im Falle von Rabans *De laudibus* Becht-Jördans 1996 und Chazelle 1985, S. 185–198. – Zur besonderen Stellung des Kreuzes in der karolingischen Theologie s. Haendler 1958, vor allem S. 89–94 sowie 120–122 und als neueren Beitrag Chazelle 1985. – Zum Wahren Kreuz, seiner Auffindung und der Ausbreitung von Kreuzreliquien s. die beiden Arbeiten von Frolow 1961 bzw. 1965 sowie, als neuesten Beitrag Klein 2004, S. 19–68. – Zur Kreuzverehrung im Reich der Merowinger und Karolinger sowie zu den (erhaltenen) karolingischen Kruzifixen s. Klein 2004, S. 69–88 sowie S. 162–165 und Schüppel 2005, S. 196–220 mit weiterführender Literatur, insbesondere zu den Abhandlungen von Christian Beutler, der, wenn auch zumeist von der Forschung zurückgewiesen, wiederholt heute noch erhaltene Kruzifixe wie das Udenheimer Kreuz des Mainzer Domes und andere Bildwerke in karolingische Zeit datiert hat (s. auch Kat.-Nr. 10–13).

# Rabans *De laudibus sanctae crucis* in seiner schönsten Fassung: Der Codex Vaticanus Reginensis latinus 124

Der Kaiser ist neugierig geworden. Seit Jahren hortet er in seiner Wunderkammer auf der Prager Burg Kuriositäten aus aller Herrn Länder. Unter all diese Alraunen, die Eier des Vogel Strauß und das Horn eines Einhorns möchte er eine neue Köstlichkeit einreihen: eine in Gold und Silber auf purpurnen Seiten geschriebene Handschrift mit magisch-rätselhaften Figurengedichten, die im fernen Kloster zu Fulda aufbewahrt wird. Das Objekt der kaiserlichen Begierde: Rabanus Maurus´ Erstlingswerk *De laudibus sanctae crucis* („Vom Lob des heiligen Kreuzes"), erhalten in einer um 825/26 entstandenen Prunkhandschrift, die heute in der Biblioteca Apostolica Vaticana in Rom aufbewahrt wird, der sogenannte Codex Vaticanus Reginensis latinus 124. Einstmals als Geschenk des Rabanus für den Mainzer Erzbischof Otgar (826–847) gedacht und in der Mainzer Dombibliothek aufbewahrt, kehrt diese Prunkhandschrift dank einer außergewöhnlichen Großzügigkeit der Biblioteca Apostolica Vaticana für kurze Zeit von Rom an ihren ursprünglichen Aufbewahrungsort, die Hohe Domkirche zu Mainz, zurück.

## I. Zur Herkunft des Codex Vaticanus Reginensis latinus 124

Die Odyssee dieser Handschrift, an deren Ende der heutige, vatikanische Aufbewahrungsort steht, beginnt mit der oben genannten kaiserlichen Begierde.

Es ist Kaiser Rudolf II. (1552–1612), der am 15. Juni 1598 die Handschrift aus Fulda erbittet. Sein Leihgesuch ist heute noch erhalten und wird in einem Codex der Landes- und Hochschulbibliothek Fulda unter Inventarnummer B 18. 4° (fol. 18r) aufbewahrt (s. Kat.-Nr. 14). Bereits am 4. August 1598 trifft die Handschrift in Prag ein. Der Kaiser bestätigt den Empfang (Abb. 15) und urteilt: „Wir haben das begerte alte geschribne buech Rabani Mauri aus dem stift Fulda, so du uns zuwegenbracht und zukommen lassen, wol empfangen und gern gesehen. Und weilen uns daran ain besonders gnedigs gefallen beschehen, so wöllen wir in genaden ingedenk sein, solches sowol gegen dir als beruertem stift zu fürfallenden gelegenheiten gnediglich zu erkennen. Was dann die widerschickung bemelten buechs in originali belangen thuett, wöllen wir dir unsere meinung hernacher zu wissen thun und zukommen lassen und sein dir und gedachtem stift inmittelst mit kaiserlichen gnaden wol gewogen" (Österreichisches Staatsarchiv Wien, Abteilung „Hofakten des Ministeriums des Inneren", Karton I E 4, f. 70, zit. nach Müller 1973, S. 47, Anm. 119).

Was auch immer den Kaiser zu einer Leihe bewogen haben mag, seine Erwartungen sind offensichtlich erfüllt worden. Zunächst ließ Rudolf II. eine exakte Kopie der Handschrift anfertigen, die noch erhalten ist und sich heute in der Bibliothèque de l´Arsenal in Paris (Codex 472) befindet. Da diese Handschrift alle Eigenheiten des vatikanischen *Laudibus* in Text und Bild getreu kopiert, liefert sie die eindeutige Bestätigung, daß es nur der Codex Vat. Reg. lat. 124 gewesen sein kann, der um 1600 in Prag war und nicht etwa eine der anderen, heute noch erhaltenen Fassungen aus karolingischer Zeit (s.u.).

Mit der oben zitierten *widerschickung* scheint es Rudolf II. allerdings nicht so eilig gehabt zu haben, wahrscheinlich unterließ sie der bekannt eifrige Sammler von *Curiosa* aller Art, wie auch in anderen Fällen überliefert, ganz. Es gilt vielmehr als wahrscheinlich, daß der Kaiser die Handschrift nie zurückgegeben hat. Als man 1617 in Fulda einige Figurengedichte abdrucken will, ist man jedenfalls gezwungen, auf eine Hersfelder Ausgabe von *De laudibus* zurückzugreifen. Während des

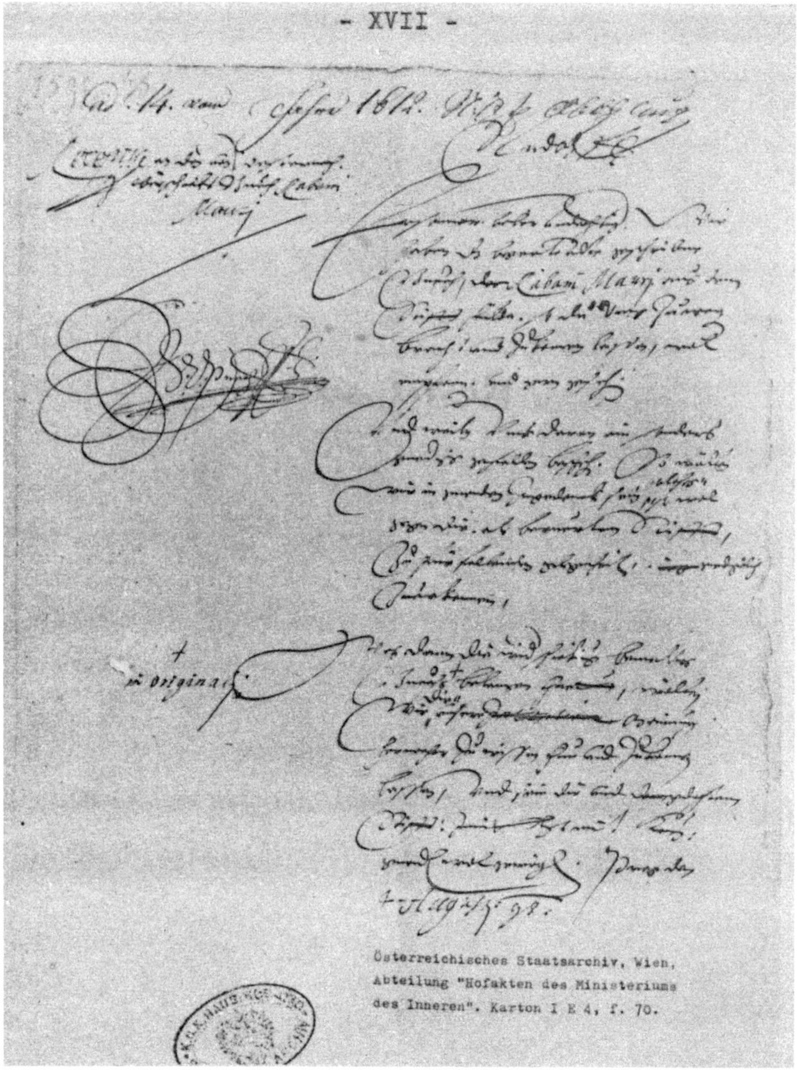


Abb. 15 Die Empfangsbestätigung von Kaiser Rudolf II., 1598, Wien, Österreichisches Staatsarchiv

Dreißigjährigen Krieges wird die Handschrift nachweislich zu einer Beute der Schweden, denn ihre nächste bekannte Besitzerin ist die berühmte Königin Christina von Schweden (1626–1689). Diese wohl bedeutendste Konvertitin des 17. Jahrhunderts, die 1655 zum katholischen Glauben übertrat und danach lange Zeit in Rom lebte, hinterließ 1689 ihre wertvolle Bibliothek Papst Innozenz XI. Auf diese Weise gelangte der Codex nachweislich in die Biblioteca Apostolica Vaticana. Hiervon legt nicht nur der heute noch erhaltene Einband, der aus jener Zeit stammt, Zeugnis ab, sondern auch die auf folio 4r eingetragene Inventarnummer *Reg.*(inensis) *lat. 124*, die auf die königliche Vorbesitzerin verweist. Seit jener Zeit befindet sich die Handschrift in der Biblioteca Apostolica Vaticana, die sie nun, nach über 300 Jahren, das erste Mal verläßt, wenn auch nur für kurze Zeit.

## II. Beschreibung des Codex Vaticanus Reginensis latinus 124

Im heutigen Zustand setzt sich die Handschrift aus zehn Faszikeln zusammen und umfaßt insgesamt 61 Seiten. Sie besteht aus mehreren Teilen. Widmung, Vorwort und Inhaltsverzeichnis nehmen die ersten acht Seiten ein. Drei Miniaturen sind diesem einleitenden Teil beigegeben: die *dedicatio* (Widmung) des Buches an den hl. Martin (fol. 2v, s. Abb. 18), die Überreichung des Buches an den Papst (Gregor IV., fol. 3v, s. Abb. 19) sowie das Figurengedicht zu Ehren des Kaisers Ludwig des Frommen (fol. 4v, s. Abb. 56). Von folio 8v bis folio 36v folgt der erste Hauptteil, der insgesamt 28 Kreuzgedichte umfaßt. Dabei ist die Bildseite immer links, also auf dem sogenannten *verso* angeordnet, während rechts, also *recto*, eine jeweils einseitige Erklärung zum Dargestellten beigegeben ist. Mit folio 36v endet das sogenannte *Liber primus*, das erste Buch und es folgt, von folio 37r–43r ein Zwischenteil, der in Hexametern eine wiederholende Reinfassung der Gedichttexte ohne (die Leserlichkeit störende) Figurenmalereien umfaßt. Auf folio 43v beginnt die Vorrede zum zweiten Buch *INCIPIT PREFATIO LIBRI SECUNDI*, das in Prosaform eine vertiefende Erläuterung zum Sinngehalt der im ersten Buch dargestellten Figurengedichte liefert. Dieses *Liber secundus* endet auf folio 61r.

Bei den Kreuzgedichten sind die Binnenverse der Figuren und das sie umgebende Textfeld größtenteils in Unzialen geschrieben, einzelne Buchstaben sind aber in Capitalis ausgeführt. Für A, D, M, Q oder V zum Beispiel kommen Doppelformen vor. Die Prosaseiten wiederum sind in breit gerundeter karolingischer Minuskel ausgeführt. Die Forschung ist sich einig, daß (mindestens) zwei, wahrscheinlich aber drei Schreiber an der Ausführung der Handschrift beteiligt waren: Hand eins schrieb den Widmungsteil und die Wiederholung der Gedichtstexte, Hand zwei den Rest, wobei, wahrscheinlich, der *Liber secundus* mit Ausnahme von dessen Einleitung (folio 43v) doch einer dritten Hand zugeschrieben werden muß. Aus inhaltlichen Gründen (s.u.) muß der von Hand eins geschriebene Widmungsteil um einiges jünger und erst zu einem späteren Zeitpunkt an den älteren Hauptteil des Werkes beigebunden worden sein.

Im zweiten Buch finden sich erstaunlich viele Korrekturen, was auf eine gewisse Unsicherheit des oder der Schreiber schließen läßt. Diese Korrekturen sind teils in karolingischer Minuskel, teils in insularer Schrift von zwei verschiedenen Redakteuren durchgeführt. In den vergleichsweise altertümlichen insular geprägten Schriftzügen glauben einige Forscher Rabans eigene Hand zu erkennen (Abb. 16).

In der Pracht seiner Ausführung übertrifft der Codex Vaticanus Reginensis latinus 124 alle anderen von Rabanus veranlaßten Abschriften des *Laudibus*. Zwei Seiten, das von den Evangelistensymbolen umgebene Lamm Gottes (Abb. 17, s. auch Abb. 42) und die Seite mit dem unter dem Kreuz knienden Rabanus (s. Abb. 54) sind auf Goldgrund gemalt; Gold und Silber tauchen auch in den anderen Bildflächen und in den Rahmungen auf; auch Purpur ist reichlich verwendet. Dies läßt auf einen hochrangigen Empfänger schließen, in dem die jüngere Forschung den Mainzer Erzbischof Otgar vermutet. Bevor diese Hypothese diskutiert wird, sollen zunächst die Entstehungsumstände dieser einzigartigen hymnischen Dichtung zu Ehren des Kreuzes Christi vorgestellt werden.

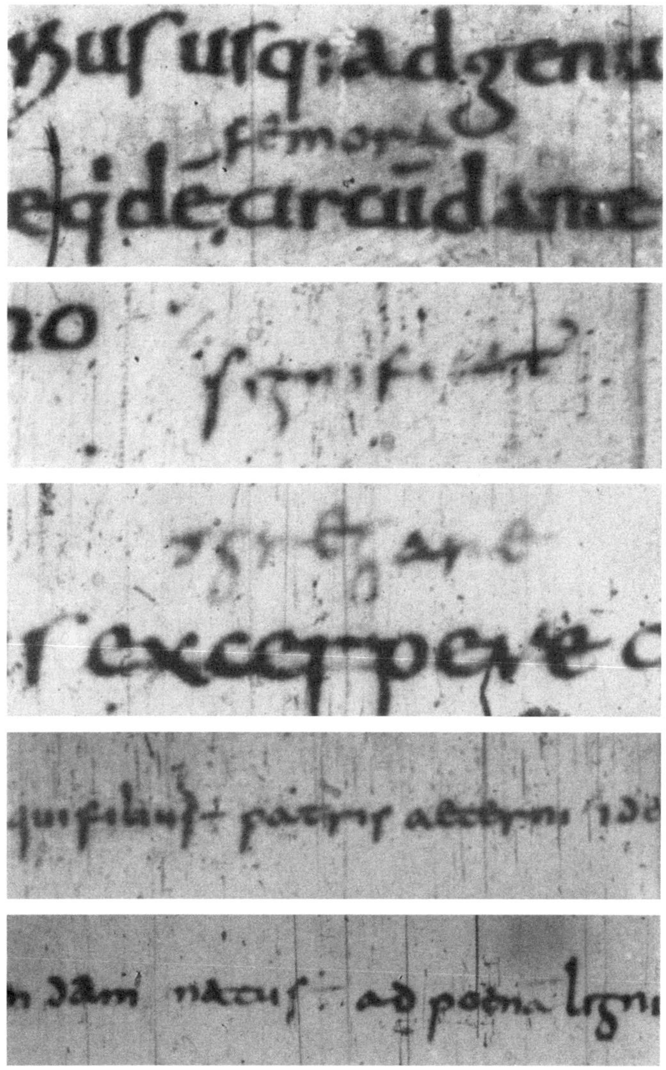

9r

32r

34r

44v

44v

Abb. 16 *De laudibus sanctae crucis*, um 825/26, Rom, Biblioteca Apostolica Vaticana, Codex Reg. lat. 124, fol. 9r, 32r, 34r, 44v, 44v, Detail: Textkorrekturen von Rabans eigener Hand

Abb. 17 Kreuzgedicht XV aus *De laudibus sanctae crucis*, um 825/26, Rom, Biblioteca Apostolica Vaticana, Codex Reg. lat. 124, fol. 22v, Detail: Lamm Gottes vor Goldgrund

## III. Die Entstehung von *De laudibus*

Über die Entstehungsumstände des Werkes sind wir durch Textpassagen innerhalb von *De laudibus* selbst vergleichsweise gut informiert. Dabei steht an erster Stelle das Widmungsgedicht, das Rabanus auf folio 3r dem Werk voranstellt. Diesem Widmungsgedicht ist auf folio 2v eine Miniatur gegenübergestellt, die links Rabanus zusammen mit seinem Lehrer Alkuin zeigt (Abb. 18). Beide sind im oberen Teil der Bildleiste benannt. Rabanus hält in seinen Händen das Widmungsexemplar von *De laudibus*, doch erst durch den Beistand seines Lehrers wird es dem durch Ehrfurcht Gebannten tatsächlich möglich sein, sein Werk dem hl. Martin von Tours zu überreichen, der rechts auf einem Thron Platz genommen hat. Der Heilige ist, entsprechend der mittelalterlichen Bedeutungsperspektive, sehr viel größer dargestellt als die beiden Herannahenden. Als Dank für seine Ausbildung in dem dem hl. Martin geweihten Kloster zu Tours widmet Rabanus sein Erstlingswerk dem Heiligen mit der Bitte, diese *primitiae* anzunehmen und ihm dafür seine Gnade zuteil werden zu lassen. In welchem Geist sich die beiden Kleriker nähern, läßt sich am besten aus dem Widmungsgedicht selbst ablesen. Seine erste Hälfte (Vers 1–22) sei deswegen ausführlich in deutscher Übersetzung zitiert (zur lateinischen Fassung s. Perrin 1997, S. 5). Hier wendet sich Alkuin in direkter Rede an den hl. Martin:

„Heiliger Bischof Gottes, der du verdientermaßen bis in alle Ewigkeit lebst, nimm mit frommem Geist den Fall, den wir vorbringen auf; denn auch ich habe ja, als ich ein Küster [oder: Wächter] und niederer Diener dieser Kirche war und die heiligen Glaubenslehren las, diesen [hier = Rabanus] als Jungen im Predigen des Wortes Gottes, in den Mahnungen der Sittenlehre und in der Philosophie unterrichtet. Er selbst wurde freilich als Franke und als Bewohner des Bochonischen Waldes [alter römischer Name für die Buchenwaldlandschaft zwischen Vogelsberg, Rhön und Spessart] geboren; hierher [nach Tours] wurde er gesandt, um das Wort Gottes zu lernen. Denn sein Abt, der Leiter des Klosters in Fulda, sandte ihn hierher zu deinem Haus, Vater, wo er als Schüler mit mir zusammen Poesie las und sich die Heilige Schrift voller Lobpreis auf rechte Weise aneignete. Aber als er 30 Jahre alt war, [wörtl.: als er sechs Jahrfünfte vollendet hatte] brachte er, der bald versuchte, sich als Schriftsteller zu betätigen, durch sein Geschick dieses Buch zum Lob Christi heraus. Dieses versah er mit dem typischen Metrum und den üblichen Stilfiguren, um das gütige Opfer Gottes zu verkünden und um zu darzulegen, was das Leiden Christi der Welt an Ehre brachte, auch wie er [Christus] die alte Schlange [den Teufel] besiegte, daß die heiligen Propheten den so Nahenden besangen und die Gesetzesbücher ihn schriftlich ankündigten. Und da er sich erinnert, daß er in einem glanzvollen Haus aufgewachsen ist, wird er dir – sieh nur – Geschenke von diesem Ort hier bringen“.

Das Gedicht enthält eine Fülle von biographischen Angaben zu Alter und Ausbildung des Rabanus sowie zur Technik und Intention seines Werkes. Leider bleibt

Abb. 18 *De laudibus sanctae crucis*, um 825/26, Rom, Biblioteca Apostolica Vaticana, Codex Reg. lat. 124, fol. 2v, Detail: Alkuin empfiehlt Rabanus und dessen Erstlingswerk dem hl. Martinus

es hinsichtlich der Frage des genauen Entstehungszeitpunktes seiner Abfassung etwas wage: „vollendet im sechsten Jahrfünft“ *(ast ubi sex lustra inpleuit)* heißt es lediglich. Da wir nicht genau wissen, wann Rabanus geboren wurde – es muß zwischen 776 und 784 gewesen sein (s. S. 15), verbleibt eine Spanne zwischen 806 und 814, wobei in der Forschung mehrheitlich die Spätdatierung und damit entweder „um 810“ oder „um 813/14“ favorisiert wird.

Der eigentliche Anstoß zu diesem Erstlingswerk ging, wie aus dem Gedicht abzulesen ist, von Alkuin aus, der Rabanus nicht nur „im Predigen des Wortes Gottes, in den Mahnungen der Sittenlehre und in der Philosophie unterrichtet“ hat, sondern auch mit ihm „zusammen Poesie las“ *(mecum legeret [artem] metri)*. Maßgeblichen Anteil an der Entstehung des Werkes hatte aber auch Rabans Mitbruder und Freund Hatto, der spätere Abt des Klosters Fulda. „Mit deinem Ansporn habe ich angefangen, unter deiner Mitarbeit habe ich es diktiert und mit deiner Hilfe habe ich es vollendet“ *(te adhortante inchoavi, te conlaborante dictavi, teque opitulante perfeci,* zit. nach Hägele 1972, S. 17). Hatto half Rabanus über manche Schwierigkeit bei der Anfertigung hinweg, überprüfte den Entwurf auf Fehler und fertigte die erste Reinschrift des Werkes an: „Das Buch des heiligen Kreuzes (...) habe ich dir, nachdem ich es vollendet hatte, zum Überprüfen gesandt, mit der demütigen Bitte, daß du (...) sorgfältig das Werk überprüfst (...) und indem du eifrig darin das korrigierst, was die Notwendigkeit erfordert“ *(Librum sanctae crucis* (...) *tibi, postquam consumavi, ad probandum direxi, deprecans, ut* (...) *diligenter opus examinando, quod dilectio vera commendat, studioseque in eo corrigendo quae necessitas expostulat,* zit. nach Spilling 1992, S. 48). Manche Forscher halten Hatto sogar für denjenigen, der die Miniaturen von *De laudibus* schuf. Rabanus war jedenfalls ganz offensichtlich mit Hattos Arbeit zufrieden; gerührt eignet er dem Freund das erste Exemplar des fertigen Werkes zu: „Ich glaubte auch, daß es würdig sei, daß du, der du in meinem Herzen eine Vorrangstellung einnimmst, und die höchste Stelle unter meinen Freunden hast, als erstes die erste Ausgabe des Werkes erhältst, damit nicht ein anderer es dir, den niemand an Sorgfalt übertrifft, dienstbeflissen vor den Augen wegnimmt“ *(Dignum etiam arbitrabar, ut, qui in animo meo primatum tenes, et in amicis summam, primitias operis primus acciperes, ne alius tibi preriperet in officio quem nullus prevenit in diligendo*, zit. nach Hägele 1972, S. 17).

Bei *De laudibus* handelt es sich um einen Zyklus von 28 Figurengedichten, die das Lob des heiligen Kreuzes zum Thema haben. In Sprache, Form und Gestaltung ist das Werk der Höhepunkt dessen, was in dieser Gattung in Antike und Mittelalter versucht wurde. Mit Ausnahme der in Distichen verfaßten Einleitung sind die Gedichte weitgehend in Hexametern verfaßt. Außer dem Versmaß legt sich Rabanus weitere strikte Regeln auf: so sind in Anlehnung an die Gedichte des spätantiken Dichters Porfyrius Optatianus (s. S. 43), die er ausdrücklich als Vorbild nennt, auch noch die Silben und die Buchstaben, die in gleicher Anzahl pro Zeile vorkommen, abgezählt. Die hohe künstlerische Gestalt von Sprache und Bild ließ Rabanus selbst befürchten, daß der Sinngehalt leiden könnte. Deshalb gab er den Gedichten die im zweiten Buch beigefügte Erklärung in Prosa bei, in der er die Sprache der Gedichte „rückübersetzte“ und dabei interpretierte: „Denn gewissermaßen bin ich der Übersetzer bei diesem Werk, nicht in eine andere Sprache sondern in eine andere Sprachform, um die wahre Bedeutung des [in beiden Fällen] gleichen Sinngehaltes zu erläutern“ *(interpres enim ego quodammodo in hoc opere sum, non alterius linguae, sed alterius locutionis, ut eiusdem sensus veritatem explanam* (zit. nach Hägele 1972, S. 59, Anm. 137). Ob diese Prosafassung von Anfang an geplant und beigegeben war, ist umstritten, manche Forscher halten sie für das Ergebnis einer späteren Überarbeitung.

Den Ruhm von *De laudibus* belegt die Anzahl der heute noch erhaltenen Exemplare. Bislang sind nahezu 80 Abschriften bekannt, eine für das Werk eines mittelalterlichen Autors äußerst hohe Zahl. Einige der Handschriften sind in ihrer Zuweisung (noch) ins 9. oder (schon) ins 10. Jahrhundert umstritten; je nach Datierungsansatz kommen bis zu zwölf teilweise fragmentierte Codices für die Zeit zwischen 800 und 900 in Frage. Darunter befinden sich, vergleichsweise unumstritten, sechs Exemplare, die in das 2. Viertel des 9. Jahrhunderts zu datieren und nach Fulda oder Mainz zu lokalisieren sind. Diese Abschriften wurden aller Wahrscheinlichkeit nach unter den Augen von Rabanus und mit dessen Einverständnis gestaltet. Für wen waren sie bestimmt?

## IV. Die Empfänger von *De laudibus*

Heute sind noch sechs wohl in Fulda oder Mainz entstandene Abschriften von *De laudibus* erhalten, die in das zweite Viertel des 9. Jahrhunderts datiert werden und somit unter der Aufsicht des Autors hergestellt sein müssen. Die Forschung versucht immer wieder, diese (nach ihren Aufbewahrungsorten unterschiedenen) Abschriften den aus den Quellen bekannten Empfängern zuzuordnen. Dabei gilt als sicher, daß Rabanus diese Schenkungsexemplare erst herstellen ließ, nachdem er 822 zum Abt des Klosters Fulda aufgestiegen war und somit die materiellen Mittel freistellen konnte, die für die Anfertigung der überaus wertvollen Codices notwendig waren. Einige Wissenschaftler meinen, daß keine der sechs zu Lebzeiten des Rabanus entstandenen Handschriften einem bestimmten Adressaten zugeordnet werden könne. Im Fall der heute in der Österreichischen Nationalbibliothek in Wien aufbewahrten Handschrift (s. Kat.-Nr. 4) trifft dies tatsächlich zu: außer einer Würzburger Provenienz gibt es keine weiteren Anhaltspunkte für einen konkreten Empfänger. Folgt man allerdings den zur Zeit in der Forschung diskutierten Untersuchungen von Frau Prof. Herrad Spilling aus dem Jahre 1992, denen sich diese Ausstellung anschließt, so ordnen sich die übrigen fünf Abschriften von *De laudibus* folgenden Empfängern zu:

- Erzbischof Otgar von Mainz (um 825/26, heute Biblioteca Apostolica Vaticana, Codex Reg. lat. 124)
- Kaiser Ludwig der Fromme (entstanden wohl um 831, heute Paris, Bibliothèque Nationale, ms. lat. 2423)
- Papst Gregor IV. (entstanden um 843/44, heute Amiens, Bibliothèque municipale, cod. 223)
- das Kloster St. Denis (entstanden um 843/47, heute Paris, Bibliothèque Nationale, ms. lat. 2422)
- den Markgrafen Eberhard von Friaul (um 845, heute Turin, Biblioteca Nazionale, ms. K II.20).

Als verschollen gilt das Exemplar, das Rabanus an das Kloster St. Martin in Tours als Dank für seine dortige Ausbildung verschenkte. Darüber hinaus muß es auch eine Art von Arbeitsexemplar gegeben haben, in das Rabanus die aktuellen Änderungen eintrug, die er im Lauf der Jahre immer wieder am Text vornahm. Auch von diesem in der Forschung „Urfulda" genannten Exemplar, das aus den im Detail unterschiedlichen Textredaktionen der einzelnen Handschriften erschlossen werden kann, fehlt jede Spur.

Mit der Ausführung der teils sehr prunkvoll ausgeführten Abschriften stellte das Fuldaer Kloster in Quantität, Qualität und Großzügigkeit eine Leistungsfähigkeit unter Beweis, die bemerkenswert ist. „Als schlechthin ungewöhnlich ist dieser Befund aber im Hinblick auf die von einem Autor des 9. Jahrhunderts (...) selbst eingeleitete Rezeption seines Werkes zu bezeichnen", so faßt Spilling das Ergebnis ihrer Forschungen zusammen. Falls Rabanus diese Breitenwirkung seiner Schrift bewußt verfolgt haben sollte, so wäre seine Absicht gelungen: es lassen sich zwischen dem 9. und dem frühen 16. Jahrhundert, wie bereits bemerkt, noch nahezu 80 Handschriften nachweisen. Auch die überregionale Streuung der Skriptorien, die sich der Mühe einer Abschrift von *De laudibus* unterzogen, zeugt von einer überaus breiten Rezeption des Werkes: sie verteilen sich über das ganze Frankenreich von (Nord-)Spanien über Frankreich bis nach Italien.

## V. Das Mainzer Exemplar von *De laudibus*: Der Codex Vaticanus Reginensis latinus 124

Nach seiner Entstehung muß sich der Ruhm von *De laudibus* auch von Fulda nach Mainz verbreitet haben. So äußerte der Mainzer Erzbischof Haistulf (813–825) wohl als erster die Bitte um eine Abschrift. Haistulf, der 819 die Weihe der neuen Fuldaer Klosterkirche vornahm, hatte während seines Pontifikates bereits mehrere Arbeiten von Rabanus erbeten, darunter eine Abschrift von *De institutione clericorum* (s. Kat.-Nr. 6) und einen Kommentar zum Matthäus-Evangelium. Die wohl in den frühen 20er Jahren des 9. Jahrhunderts geäußerte Bitte vermochte Rabanus jedoch nicht mehr zu erfüllen: Haistulf verstarb, bevor er die ihm zugedachte Abschrift von *De laudibus* in Empfang nehmen konnte. Deshalb eignete Rabanus das Werk Haistulfs Nachfolger, Erzbischof Otgar (826–847), zu und faßte dies in den folgenden Versen zusammen:

„Empfange, heiliger Vater Otgar, höchster Priester, die Schrift, die ich kürzlich durch Geist und Schreibrohr hervorgebracht habe, die zum Lob Christi die hohen Taten des Kreuzes wiedergibt, das durch die Gnade Christi selige Opfergaben schenkte.

Es [das Kreuz] warf den Tod nieder, spendete das gütige Leben und gab das Menschengeschlecht dem Schöpfer zurück. Dieses Werk hat also dein Amtsvorgänger Haistulf, dem man immer in Liebe verbunden sein muß, für sich erbeten. Ihm hatte ich dies auch gewidmet. Aber weil Haistulf des Leibes Gefängnis mit Jauchzen überwunden hat und es vorzieht, auf ewig das Antlitz Christi zu schauen, sollst nun Du

Abb. 19 *De laudibus sanctae crucis*, um 825/26, Rom, Biblioteca Apostolica Vaticana, Codex Reg. lat. 124, fol. 3v: Rabanus überreicht Papst Gregor IV. ein Exemplar von *De laudibus sanctae crucis*

dieses Werk empfangen, behalten und auf rechte Weise genießen, wobei Du Dich des nichtwürdigsten Künstlers durch Dein Gebet annehmen mögest" (zur lateinischen Fassung s. Perrin 1997, S. 3).

Diese Widmung findet sich auf folio 1v des vatikanischen *Laudibus*, doch leider ebenso auf folio 3v des um 847 entstandenen Codex 652 der Österreichischen Nationalbibliothek in Wien (allerdings gilt diese Wiener Widmung, folgt man dem Urteil von Bernhard Bischof, als eine spätere Hinzufügung aus der Zeit um 900, s. auch Kat.-Nr. 4). Deshalb kann die Otgar-Widmung des Codex Vat. Reg. lat. 124 nicht, wie man zunächst vermuten würde, als ein eindeutiger und unzweifelhafter Beleg für eine Zueignung dieser Handschrift an eben diesen Mainzer Erzbischof gelten. Sie wurde im Lauf der Jahre der ständigen Überarbeitungen von *De laudibus* vielmehr zum festen Textbestand des Werkes gezählt und deshalb bei späteren Abschriften einfach mitkopiert. Dies ist nichts ungewöhnliches, wurde doch z. B. auch die Widmung, die dem *Laudibus* beigegeben war, den Rabanus nach Rom an Papst Gregor IV. sandte, samt zugehöriger Dedikationsminiatur (Abb. 19) in den Codex Vat. Reg. lat. 124, sowie weitere Abschriften eingefügt, die für andere Empfänger bestimmt waren. Auch der Umgang mit der Kaiserminiatur (s. S. 79), die ursprünglich mit dem Exemplar verbunden war, das Rabanus Ludwig dem Frommen zueignete, zeigt die Flexibilität, mit der bestimmte Einzelbausteine von Text und Bild von Abschrift zu Abschrift neu zusammengestellt wurden. Durch dieses Verfahren wurden die hochgestellten Empfänger auch überregional angezeigt, was wiederum den Ruhm des Werkes erhöhte.

Als Rabanus im Jahre 847 zum Erzbischof von Mainz erhoben wurde, fand er in der Dombibliothek das einstmals dorthin geschenkte Exemplar, den heutigen Codex Vaticanus Reginensis latinus 124, vor. Da er, wie bereits mehrfach erwähnt, im Laufe der Jahre immer wieder an *De laudibus* gearbeitet und seine Korrekturen in eine von der Forschung postulierte Urhandschrift, eine Art von Arbeitsexemplar („Urfulda"), eingetragen hatte, übertrug er nun eigenhändig diese Verbesserungen in das Mainzer Exemplar. So glaubt die Forschung z. B. auf den folios 9r, 13r, 28r, 32r, 34r oder 44r Rabans Hand ausmachen zu können (s. Abb. 16). Außerdem fügte Rabanus neue Teile ein, so z. B. das Bildgedicht für Ludwig den Frommen (s. Abb. 56), das erst um 831 entstanden war, aber mittlerweile zum festen Kanon der *Laudibus*-Gedichte gehörte.

Was nach dem Tode des Rabanus mit der Handschrift geschah, ist nicht bekannt. Sie muß schon relativ früh aus dem Bestand der Dombibliothek abgegeben worden sein, da sie in einem erhaltenen Bibliotheksinventar von 1479 nicht verzeichnet ist. Spilling vermutet, daß sie als Andenken von seinen Schülern nach Fulda geholt worden sei. Dies ist jedoch nicht gesichert und angesichts des beträchtlichen Wertes der Handschrift und der Eigentumsverhältnisse nicht sehr wahrscheinlich, denn der Codex gehörte als Geschenk zum Inventar des Domes und war nicht Privatbesitz von Rabanus. Dennoch gelangte die Handschrift nach Fulda – hier ist sie zweifelsfrei im 16. Jahrhundert nachweisbar, als, wie oben geschildert, Kaiser Rudolf II. ihre Ausleihe erbittet.

## Weiterführende Literatur:

Zur Ausleihe der Handschrift durch Kaiser Rudolf II. s. ausführlich Von Schlosser 1892, S. 29f sowie Müller 1973, S. 46ff, der dort auch die Hypothesen um den Verbleib der Handschrift nach 1600 zusammenfaßt. – Detaillierte Beschreibung des technischen Aufbaus des Codex Vaticanus Reginensis latinus 124 und der Händescheidung bei Müller 1973, S. 53ff sowie Spilling 1992, S. 71–76 und Perrin 1997, S. LIX–LXIII mit besonderer Untersuchung der Orthographie; erste Beobachtungen hierzu hatte bereits Zimmermann 1910, S. 87 notiert. – Die kritische Textedition von *De laudibus* legte 1997 Perrin vor. Zur Frage der Identifikation von Rabans Handschrift s. Perrin 1989b, S. 191, Spilling 1992, S. 75 sowie Perrin 1997, S. LIIff. – Die Umstände der Entstehung von *De laudibus* werden in der Forschung immer wieder diskutiert. Aus der Fülle der Literatur seien hier nur die neueren und wichtigeren Beiträge genannt, so Müller 1973, S. 29–43, Spilling 1992, S. 9–30, Perrin 1997, S. XII–XXVI sowie die weiterführenden Hinweise im Forschungsbericht von Ferrari 1996. Wichtig auch Chazelle 1985 mit der interessanten Hypothese, daß Rabans *Laudibus* eine Protestreaktion auf die Absicht von Abt Ratgar sei, der grundlegende Abstriche bei der liturgischen Verehrung des Kreuzes vorzunehmen gedachte. – Zu den beiden Widmungsminiaturen an den hl. Martin bzw. Papst Gregor IV. sowie zu Rabanus unter dem Kreuz in Figurengedicht XXVIII s. ausführlich Prochno 1929 sowie Bloch 1962, vor allem S. 471ff. – Zur Rolle von Hatto bei der Entstehung von *De laudibus* ausführlich Spilling 1992, S. 26–30 sowie Perrin 1997, S. XII–XVIII. – Zum Aufbau von *De laudibus* und der Frage nach der Zusammengehörigkeit der einzelnen Teile detailliert Spilling 1992, S. 10–19, die eine Einheit von Gedichten und Prosafassung befürwortet, während Perrin 1989a und b (S. 216ff bzw. 192–194) für eine Entstehung des Werkes in zwei getrennten Phasen plädiert. Zur Kritik an Perrin s. Ferrari 1996, S. 498. Die aktuellen Meinungen faßt Perrin 1997, S. XVIIIff zusammen. – Die umfangreichsten Listen der erhaltenen mittelalterlichen Abschriften und deren Stemmata bei Müller 1973, S. 35–39, Ernst 1991, S. 309–322 (ohne Stemmata) sowie Perrin 1997, S. XXX–LV. Ernst 1991, S. 309–311 datiert insgesamt zwölf Exemplare in karolingische Zeit, zur Kritik hierzu s. Ferrari 1996, S. 516f. – Die Frage der Zuordnung der Empfänger der noch zu Lebzeiten von Rabanus entstandenen und heute noch erhaltenen Abschriften ist eine der meist diskutierten in der Rabanusforschung. Während die ältere Forschung glaubte, keine speziellen Zuweisungen treffen zu können, hat Spilling 1992, S. 31–82 ihre bestechenden Hypothesen vorgelegt, denen dieser Katalog folgt. Abweichend hierzu Perrin in seinen verschiedenen älteren Aufsätzen, in Auseinandersetzung mit Spilling s. Perrin 1997, S. XIX–XXVI. Ferrari 1996, S. 501f faßt die verschiedenen Meinungen zusammen und äußert sich dahingehend, daß Spillings Thesen „nicht immer überzeugen (… doch) trotz dieser Vorbehalte eine wichtige Etappe in der Erforschung der Fuldaer *De laudibus sanctae crucis*-Handschriften“ sind und „zweifelsohne die Diskussion beleben“. – Zum Codex Vat. Reg. lat. 124 am ausführlichsten Müller 1973, S. 45–61; zur Zuweisung des Codex an den Mainzer Erzbischof Haistulf bzw. Erzbischof Otgar und das weitere Schicksal der Handschrift nach 847 bzw. 856 s. Spilling 1992, S. 70–78 in Verbindung mit S. 45–47 (dort auch eine ausführliche Diskussion zur Übersetzung der Widmungsinschrift für Haistulf bzw. Otgar).

*„In Versen mit Mund, Herz und Hand will ich, Rabanus, das Geschenk des Lebens besingen…"*

# Rabans Figurengedichte in der Einzelinterpretation

## I. Das Figurengedicht in Antike und Frühmittelalter

Figurengedichte, sogenannte *carmina figurata*, sind bereits aus der Antike bekannt. Nach ersten Vorläufern in Ägypten wurden sie seit dem 4. Jahrhundert v. Chr. sowohl im griechischen als auch im römischen Kulturkreis gepflegt. Bereits die antiken Figurengedichte standen im Dienst des Göttlichen. Häufig wiederkehrende Motive sind die Flöte als Verweis auf den Hirtengott Pan oder das Ei für den Ursprung der Welt. Die Schriftzeichen wurden oft so angeordnet, daß sie im Gesamtbild die Darstellung eines Altares, etwa für den Gott Apollon, ergaben (Abb. 20).

Die entscheidende Schlüsselstellung in der Entwicklung des Figurengedichtes und seiner Vermittlung von der Antike zum Mittelalter nimmt Publilius Porfyrius Optatianus (um 260–335 n. Chr.) ein, Stadtpräfekt von Konstantinopel und Dichter am Hof Konstantins des Großen. Er gilt als Erfinder des sogenannten „Gittergedichtes", einer Unterart des Figurengedichtes, bei dem geometrisch angeordnete farbige Linien Worte oder Verse aus einem horizontal verlaufenden Basistext herausschneiden (Abb. 21). Auch griechische oder lateinische Buchstaben können diese Funktion übernehmen. Das mittelalterliche Figurengedicht greift diese Arten der Gestaltung auf (Abb. 22).

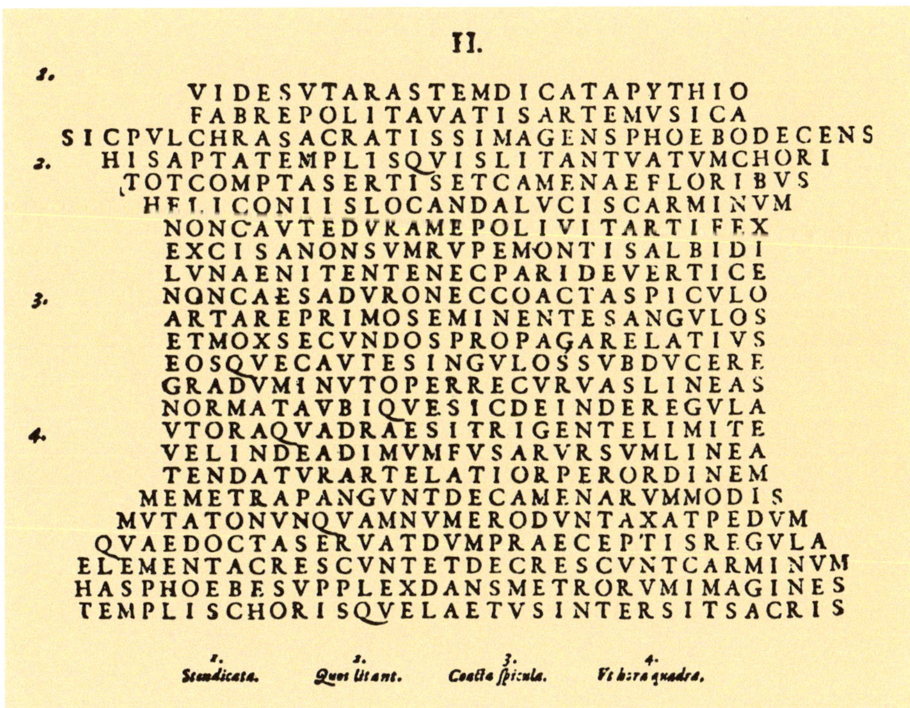
II.

1.
VIDESVTARASTEMDICATAPYTHIO
FABREPOLITAVATISARTEMVSICA
SICPVLCHRASACRATISSIMAGENSPHOEBODECENS
2. HISAPTATEMPLISQVISLITANTVATVMCHORI
TOTCOMPTASERTISETCAMENAEFLORIBVS
HELICONIISLOCANDALVCISCARMINVM
NONCAVTEDVRAMEPOLIVITARTIFEX
EXCISANONSVMRVPEMONTISALBIDI
LVNAENITENTENECPARIDEVERTICE
3. NONCAESADVRONECCOACTASPICVLO
ARTAREPRIMOSEMINENTESANGVLOS
ETMOXSECVNDOSPROPAGARELATIVS
EOSQVECAVTESINGVLOSSVBDVCERE
GRADVMINVTOPERRECVRVASLINEAS
NORMATAVBIQVESICDEINDEREGVLA
4. VTORAQVADRAESITRIGENTELIMITE
VELINDEADIMVMFVSARVRSVMLINEA
TENDATVRARTELATIORPERORDINEM
MEMETRAPANGVNTDECAMENARVMMODIS
MVTATONVNQVAMNVMERODVNTAXATPEDVM
QVAEDOCTASERVATDVMPRAECEPTISREGVLA
ELEMENTACRESCVNTETDECRESCVNTCARMINVM
HASPHOEBESVPPLEXDANSMETRORVMIMAGINES
TEMPLISCHORISQVELAETVSINTERSITSACRIS

1. Stemdicata. 2. Quos litant. 3. Coacta spicula. 4. Vt hora quadra.

Abb. 20 Porfyrius Optatianus, hrsg. von P. Velserus, Wien 1599. Wolfenbüttel, Herzog August Bibliothek, Li 4° 512

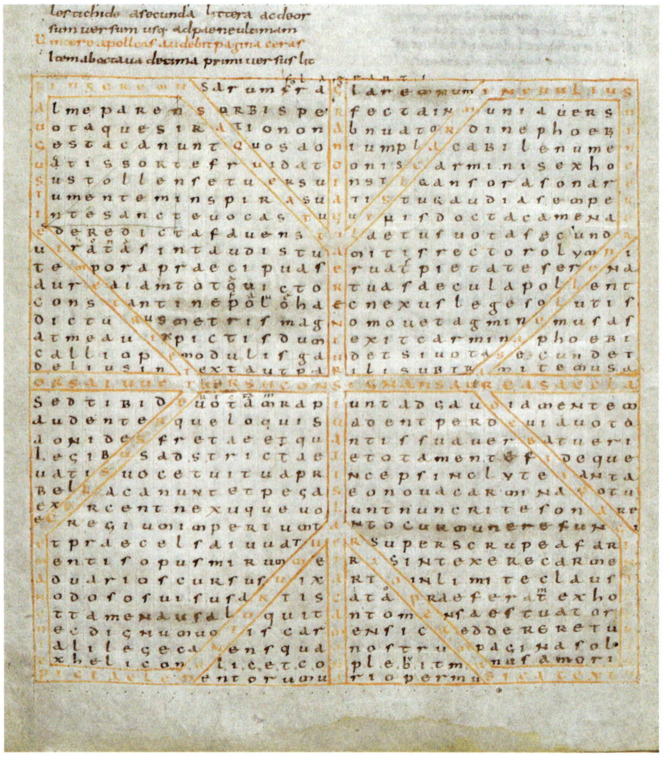

Abb. 21 Porfyrius Optatianus: Kreuzgedicht, Bern, Burgerbibliothek, Cod. Bern. 212, fol. 111r

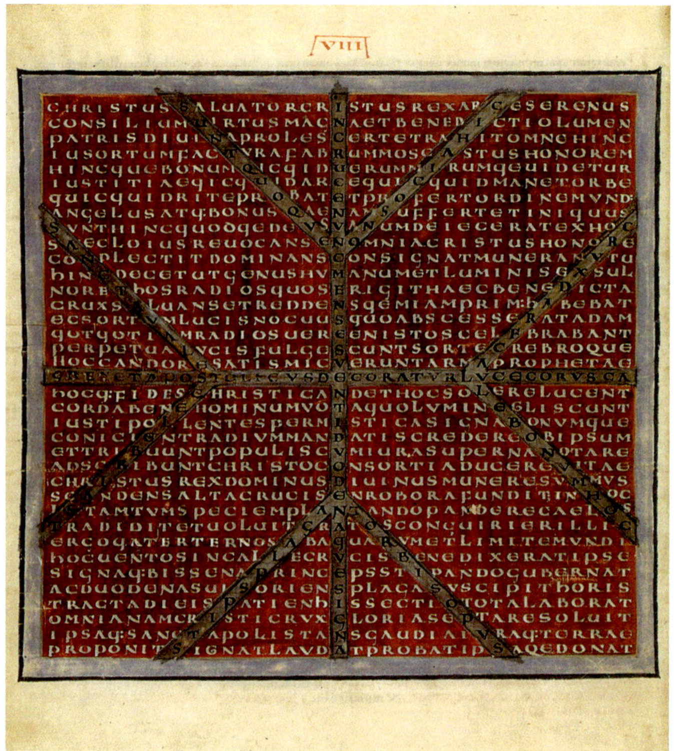

Abb. 22 Kreuzgedicht VIII aus *De laudibus sanctae crucis,* um 825/26, Rom, Biblioteca Apostolica Vaticana, Codex Reg. lat. 124, fol. 15v

Neben der Form haben auch die Inhalte der Gedichte von Porfyrius die Werke der mittelalterlichen Hymnenschreiber stark beeinflußt. Im Mittelpunkt der Gedichte des antiken Schriftstellers stehen zwar meist die heidnischen Götter oder ganz einfach profane Gegenstände. Daneben schreibt Porfyrius aber auch Loblieder auf Kaiser Konstantin sowie, ausgehend vom Namen *Jesus* und dem Christogramm *Chi/Rho*, Hymnen auf Christus und das Kreuz (Abb. 23). Diese Gedichte beeinflußten Rabanus Maurus, der die Werke des Porfyrius nachweislich kannte, in Form und Inhalt unmittelbar (s. Abb. 46).

Auch nach dem Ende des Römischen Reichs wird die Gattung des Figurengedichts weiter gepflegt. Zwischen dem 6. und dem 8. Jahrhundert bedienen sich mehrere merowingische Geistliche dieser Kunstform zu Ehren Christi und des Kreuzes, darunter Bischof Venantius Fortunatus von Poitiers (vor 540–um 600). Fortunatus verfaßte mehrere Figurengedichte zu Ehren einer Kreuzreliquie, die die Königinwitwe Radegunde vor 573 aus Konstantinopel für ihr Kloster in Poitiers erbeten hatte.

Der entscheidende Impuls für die Pflege der Gattung ging aber von England aus, wo, wie uns Beda Venerabilis (672/73–735) überliefert, die Werke des Porfyrius bekannt waren. Bereits für den Angelsachsen Bonifatius, Rabans hochverehrten Vorgänger im Amt, ist ein einfaches Figurengedicht in Kreuzform überliefert (s. Abb. 6). Den eigentlichen Anstoß zur Blüte des Figurengedichtes in karolingischer Zeit übte aber der Lehrer des Rabanus, der Angelsachse Alkuin aus, der vermutlich ein Exemplar der Gedichtsammlung des Porfyrius von England an den Hof Karls des Großen brachte, wo es großen Anklang fand. Auch von Alkuin ist ein Figurengedicht zu Ehren des Kreuzes überliefert, *Crux, decus es mundi* („Kreuz, Du Zierde der Welt"). Weitere Werke wurden von anderen Mitgliedern des Hofes Karls des Großen verfaßt, so z. B. von Josephus Scotus († vor 804), Theodulf von Orleans (760–820/21) oder Paulus Diaconus (um 720/30–um 790). Sie alle verherrlichen Christus und das Kreuz. Zusätzlich ist, ganz wie in der Antike, auch die Verehrung des Kaisers ein wichtiges Thema.

## II. Wie funktioniert ein Figurengedicht?

In spätantiken und mittelalterlichen Figurengedichten gibt es mindestens zwei, meistens aber drei, manchmal sogar vier Sinnebenen. Die Grundebene ist der sogenannte *basale Text*, ein die ganze Seite durchlaufender Grundtext von meist gleicher Buchstabenanzahl pro Zeile. In diesem, häufig in Versmaßen geschriebenen Text können einzelne Buchstabengruppen umrahmt sein. So werden bestimmte Textteile aus dem basalen Text „herausgeschnitten“. Dies kann entweder durch einzelne oder mehrere Buchstaben oder aber durch figürliche Darstellungen geschehen. Die herausgeschnittene Buchstabenkombination, der sogenannte In-Text, ist separat zu lesen und ergänzt inhaltlich den Grundtext auf einer zweiten Sinnebene.

Wird der In-Text durch Buchstaben definiert, bietet sich die Möglichkeit, diese Buchstaben zu neuen Wörtern und damit zu einer weiteren Sinnstufe zusammenzufügen. Im Griechischen und Lateinischen haben zudem einzelne Buchstaben einen numerischen Wert, so daß eine vierte, zahlensymbolische Ebene hinzutreten kann.

Zur Realisierung dieser äußerst anspruchsvollen Gedichtform wird in der Regel zuerst der In-Text geschaffen (Abb. 24). Erst dann werden die übrigen Buchstaben des Grundtextes hinzugefügt. Mitunter kommt es dabei zu unfreiwilligen Wortverbiegungen und Stilblüten. Das Ergebnis wirkt in jedem Fall höchst

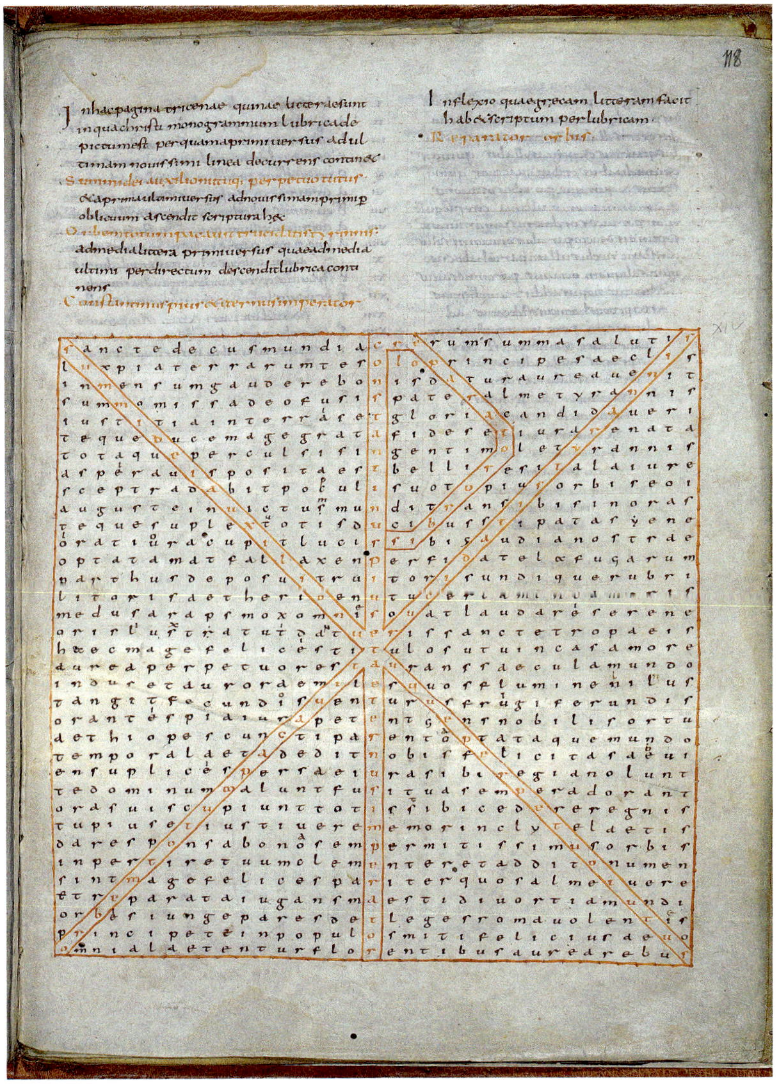

Abb. 23 Porfyrius Optatianus: Kreuzgedicht mit Christogramm, Bern, Burgerbibliothek, Cod. Bern. 212, fol. 118r

kunstvoll, aber auch manieriert, was gerade das späte 19. und frühe 20. Jahrhundert kritisierte. Im Mittelalter und in der frühen Neuzeit hingegen hat man den tief durchdachten und mit komplexen Symbolgehalten aufgeladenen Kunstgebilden eine hohe Wertschätzung entgegengebracht. Diesen Epochen galt als unbestrittener Höhepunkt der Gattung Figurengedicht Rabans *De laudibus sanctae crucis*, das in 1200 Jahren immer wieder in ungezählten Abschriften und gedruckten Neuauflagen herausgegeben wurde.

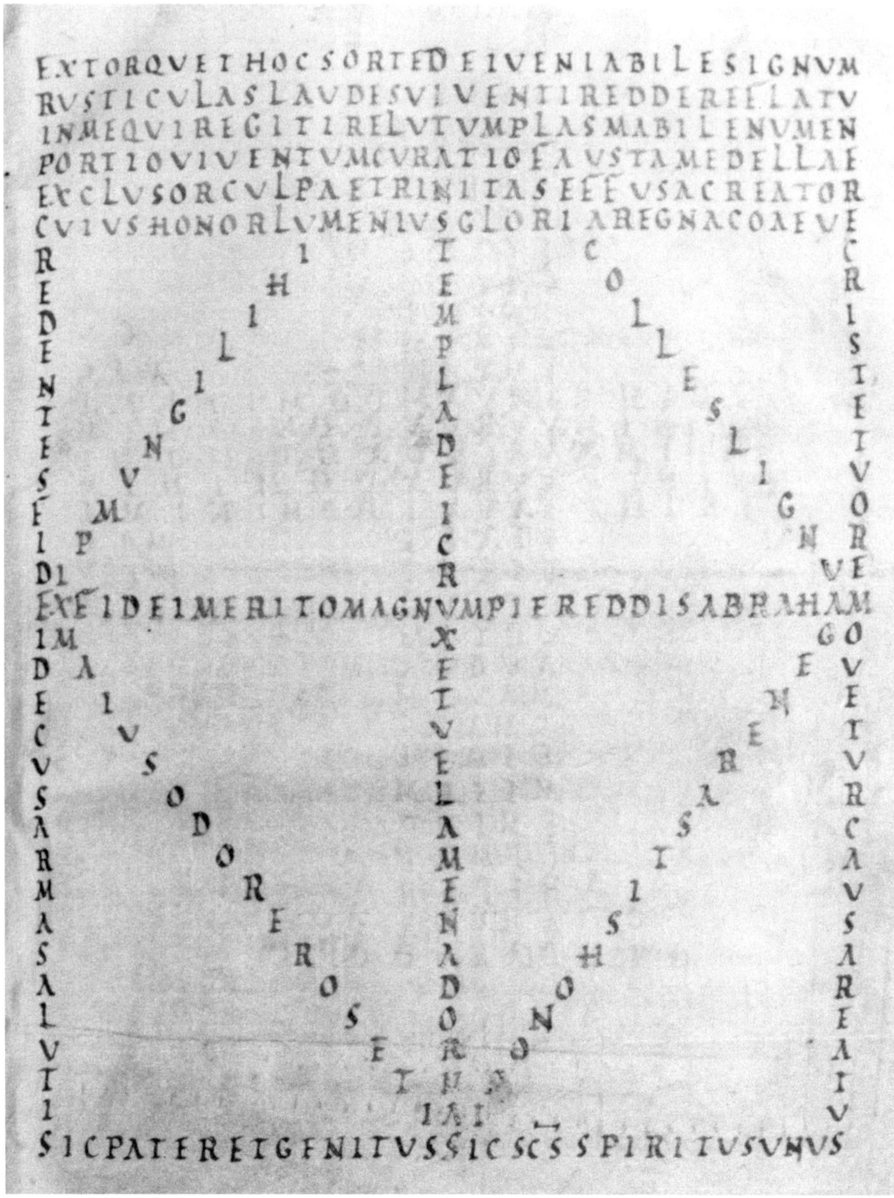

Abb. 24 Unfertiges Kreuzgedicht des Venantius Fortunatus, St. Gallen, Stiftsbibliothek, Cod. Sangall. 196, fol. 39

# Einzelinterpretationen

Hinweis:
Im folgenden finden Sie eine detaillierte Interpretation der 15 schönsten und wichtigsten von insgesamt 28 Figurengedichten aus *De laudibus sanctae crucis* in der Fassung des Codex Vat. Reg. lat. 124. Hinzu kommt das diesem Codex nachträglich beigebundene Bildgedicht zu Ehren von Kaiser Ludwig dem Frommen. Eine Interpretation aller Kreuzgedichte verbot sich nicht nur aus Platzgründen, auch manch formale und inhaltliche Wiederholung konnte hierdurch vermieden werden.

Da die in Versform geschriebenen basalen Texte der Kreuzgedichte für den heutigen Leser sprachlich und inhaltlich nur noch bedingt verständlich sind, werden im folgenden, mit Ausnahme des ersten und des letzten Gedichtes, nur die ersten Zeilen in lateinischer Originalfassung und deutscher Übersetzung wiedergegeben. Hierdurch soll vor allem die Stimmung und die sprachliche Schönheit der Verse vermittelt werden. Damit aber auch der Inhalt des jeweiligen Gedichtes deutlich wird, folgt eine ausführliche Analyse von Basistext und beigefügter *declaratio*, d.h. der auf der gegenüberliegenden Seite niedergeschriebenen Erklärung sowie der in Buch II von *De laudibus* beigefügten Erläuterungen.

Abb. 25 Kreuzgedicht XV aus *De laudibus sanctae crucis*, um 825/26, Rom, Biblioteca Apostolica Vaticana, Codex Reg. lat. 124, fol. 22v, Detail: Der Engel, das Symbol des Evangelisten Matthäus

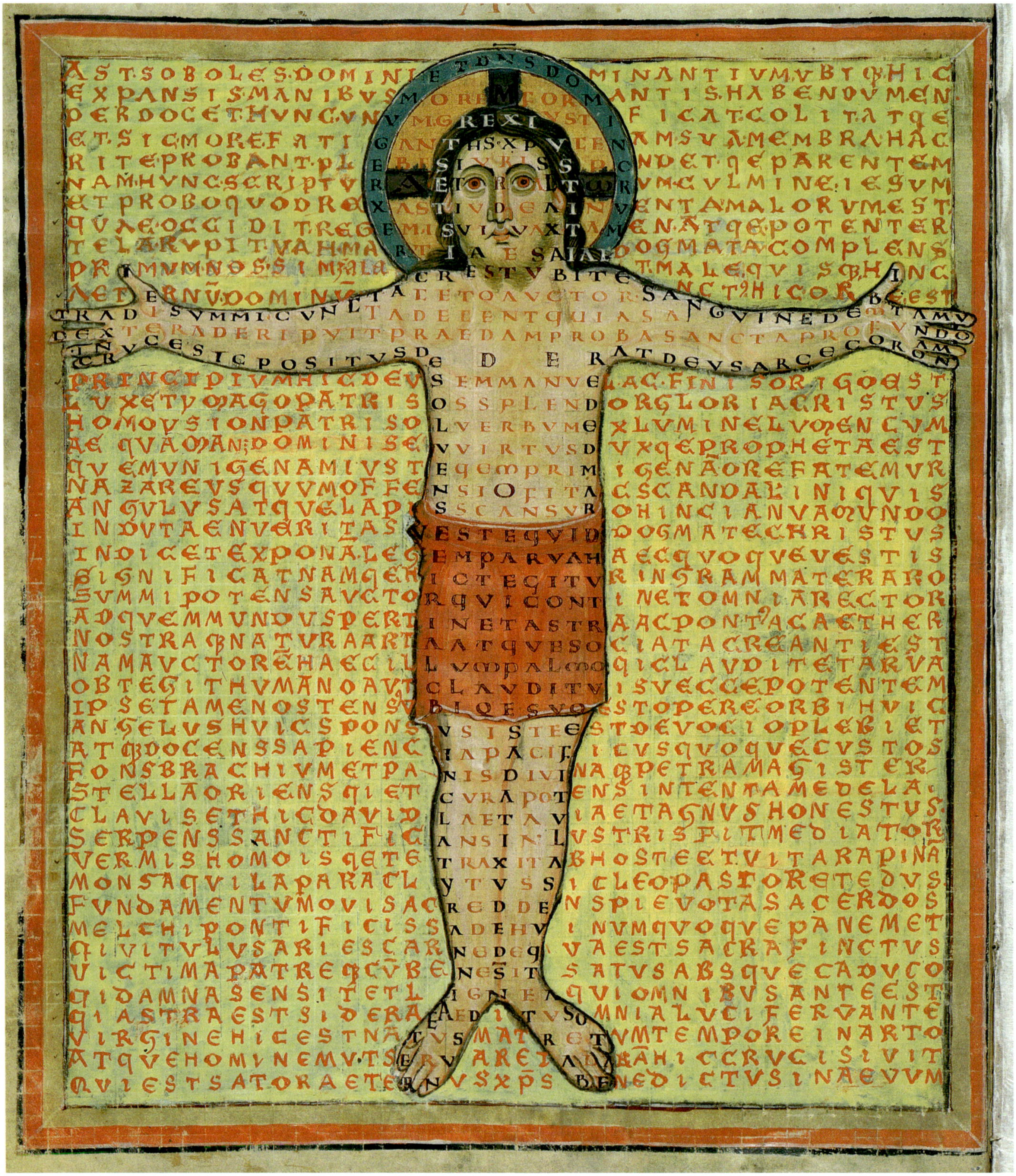

Abb. 26 Kreuzgedicht I aus *De laudibus sanctae crucis*, um 825/26, Rom, Biblioteca Apostolica Vaticana, Codex Reg. lat. 124, fol. 8v

Codex Vat. Reg. lat. 124, folio 8v (Abb. 26):

## Kreuzgedicht I

(zur Interpretation dieses Gedichtes s. S. 26–29)

*Ast soboles Domini et Dominus dominantium, ubique hic*
*Expansis manibus, morem formantis habendum en*
*Perdocet. Hunc unum grex iustificat colit atque;*
*Et sic more fatigantis cruce nam sua membra hac*
*Rite probant plebes, iuris spondetque parentem*
*Nam hunc scriptura. Et oro altorum culmine Iesum*
*Et probo quod rex.*

„Aber die Nachkommen des Herrn und der Herr der Herren sind da,
wo auch immer dieser mit ausgestreckten Händen die Sitte des Schöpfers zu halten, siehe, er lenkt.
Diesen einen gibt das Recht und verehrt seine Herde.
Und so nach der Sitte des Ermattenden an diesem Kreuz verehren seine Glieder
angemessen seine Völker, und es ehrt die Schrift ihn, den Vater des Rechts.
Ich aber bitte Jesus auf dem Gipfel der Höhen und bekenne, daß er ist König".

(...)

*In cruce sic positus dederat Deus arce coronam.*
*Principium hic Deus, Emmanuel, ac finis origo est,*
*Lux et imago Patris, os, splendor, gloria, Christus,*
*Homousion Patri, sol, Verbum, ex lumine lumen cum*
*Aequa manus Domini seu uirtus, duxque propheta est*
*Quem unigenam iuste, quem primigenam ore fatemur,*
*Nazareus cum offensio fit ac scandalum iniquis,*
*Angulus atque lapis, scansuro hinc ianua mundo.*

„Ans Kreuz gestellt gab Gott die Krone auf dem Haupt.
Hier ist Gott Anfang, Emmanuel und Ende der Aufgang, Licht und des Vaters Bild, Mund, Abglanz, Ehre, Christus, das eine Wesen mit dem Vater,
Sonne, Wort, seit Licht vom Lichte, die gerechte Hand des Herrn oder auch Tugend, Führer und Prophet ist,
den zu recht Ein-Geborenen, den Erstgebornen mit dem Mund wir bekennen,
seit der Nazarener Anstoß und ungerechtes Aufsehen geworden ist, Engel und auch Stein,
damit die Welt von dannen aufsteige zum Tore".

In der Erklärung zu dieser Miniatur beschreibt Rabanus die überaus komplizierten In-Texte der Figur. Hier heißt es u. a.:

„Auf dem Haupthaar seiner Hauptes steht folgendes: Dies ist der König der Gerechtigkeit *(ISTE EST REX IVSTITIAE)*. Auf der Dornenkrone, die den Kopf umgibt, steht: Der König der Könige und der Herr der Herren *(REX REGVM ET DOMINUS DOMINORVM)*. Auf dem Kreuz schließlich, welches bei seinem Haupt steht, sind drei Buchstaben, dies sind: A, M und O was bedeutet, daß Anfang, Mitte und Ende von Ihm aus zu verstehen sei".

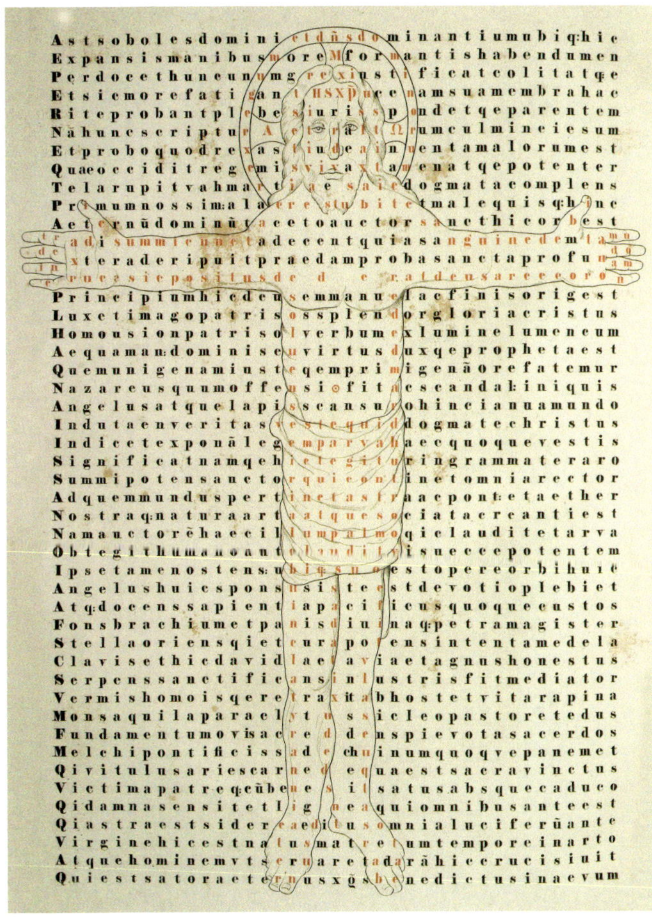

Abb. 27 Umrißschema von Kreuzgedicht I

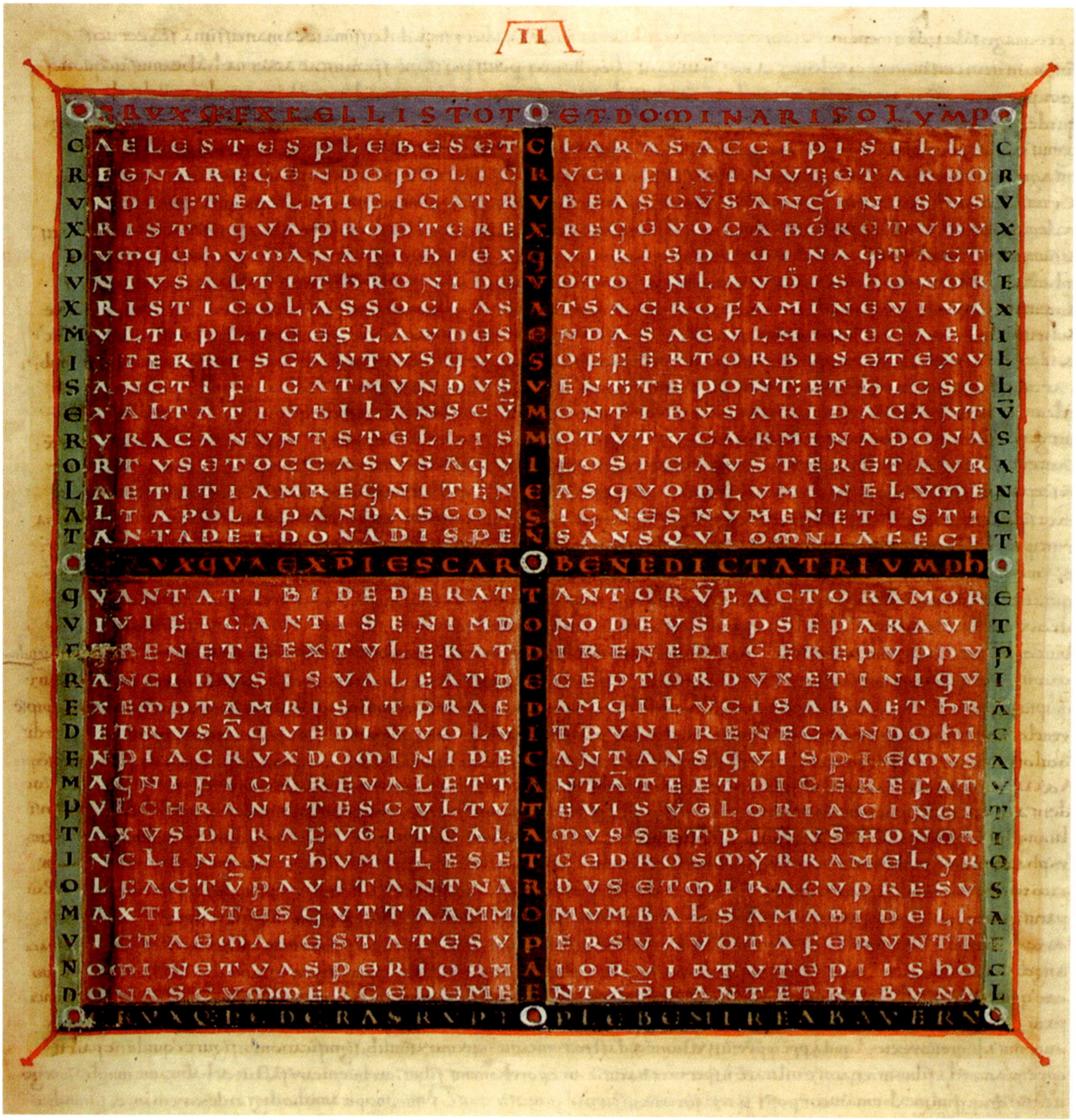

Abb. 28 Kreuzgedicht II aus *De laudibus sanctae crucis*, um 825/26, Rom, Biblioteca Apostolica Vaticana, Codex Reg. lat. 124, fol. 9v

## Codex Vat. Reg. lat. 124, folio 9v (Abb. 28):

### Kreuzgedicht II

*O crux quae excellis toto et dominaris Olympo,*
*Caelestes plebes et claras accipis illic.*

„O Kreuz, das du überragst und beherrschst den ganzen Olymp,
von dannen du annimmst die himmlischen und glänzenden Scharen".

Durch seine Form, ein kreuzförmiges Raster, gehört Kreuzgedicht II zur sogenannten Gattung des „Gittergedichtes", einer einfachen Art des komplizierteren Figurengedichtes mit figuralen Motiven. In ein Quadrat ist ein schlichtes Kreuz mit gleichschenkligen Armen einbeschrieben. Hier steht im Kreuzstamm zu lesen: *O crux quae summi es noto dedicata tropaeo* („O Kreuz, das du durch den Sieg des Höchsten geweiht bist"), während die Arme die Inschrift *O crux quae Christi es caro benedicta truimpho* („O Kreuz, das du durch den teuren Triumph Christi gesegnet bist") vorweisen. Das rahmende Quadrat des Kreuzes besitzt folgende In-Texte: obere Zeile: *O crux quae excellis toto et dominaris Olympo* („O Kreuz, das du im ganzen Himmel hervorragst und ihn beherrschst"); untere Zeile: *O crux quae dederas rupto plebem ire ab Averno* („O Kreuz, das du geschenkt hast, daß die Menschheit aus der zerborstenen Hölle hervorgeht"); linke Spalte von oben nach unten: *O crux dux misero latoque redemptio mundo* („O Kreuz, Führer für den Bedauernswerten und Erlösung für die ganze Welt") bzw. rechte Spalte von oben nach unten: *O crux vexillium sancto et pia cautio saeclo* („O Kreuz, Standarte für das Heilige und fromme Sicherheit für das Weltliche").

Nachdem in Figurengedicht I das Grundthema von *De laudibus* definiert wurde – die Erlösung der Welt durch Christi Opfer am Kreuz – , werden in Figurengedicht II die Welt und ihre Bewohner näher beschrieben. Ausgangspunkt der Deutung ist Kapitel 3, Vers 1–19 des Epheserbriefes, worin die Epheser gemahnt werden, „mit allen Heiligen zu erfassen, welches die Breite und Länge, die Höhe und die Tiefe ist und die Liebe Christi zu erkennen, die die Erkenntnis übersteigt".
Länge, Breite, Höhe und Tiefe setzt Rabanus in der dem Gedicht beigefügten *declaratio*, der auf der gegenüberliegenden Seite niedergeschriebenen Erklärung, zunächst in Bezug zu den vier kosmischen Regionen *coelestia, terrestia, inferna* und *supercoelestia* („Das Himmlische, das Irdische, das Unterirdische, das Über-Himmlische"). Vier Lebewesen bzw. Dinge *(species creaturae)* existieren hier, Minerale, Pflanzen, Tiere sowie, zusammengehörend, Menschen und Engel. Ihnen sind die vier Grundbestimmtheiten der Substanz zugewiesen: den Mineralien das bloße Sein *(esse)*, den Pflanzen das Sein und das Leben *(esse, vivere)*, den Tieren das Sein, das Leben und das Fühlen *(esse, vivere, sentire)*, Menschen und Engeln aber das Sein, das Leben, das Fühlen und, vor allem, das Verstehen *(intelligere)*, das sie über die übrigen Kreaturen hinaushebt. Mit dem Verstehen kommen aber auch die Affekte, ebenfalls vier an der Zahl. Furcht, Schmerz, Begierde und Freude *(timere, dolere, cupere, laetari)*, die den Menschen vor die Entscheidung von Gut und Böse stellen. Hier kommt das Kreuz ins Spiel: es ist das kosmische Symbol der Erlösung, für dessen Universalität das kreisrunde „O" steht, das Rabanus strategisch in allen Ecken des Quadrates, der vier Kreuzenden sowie der Kreuzmitte placiert hat.

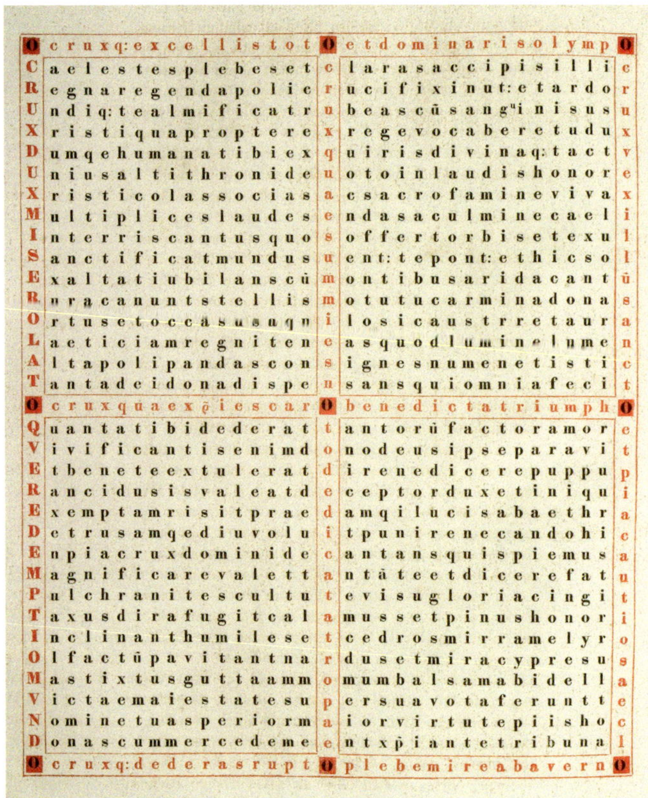

Abb. 29 Umrißschema von Kreuzgedicht II

Abb. 30 Kreuzgedicht III aus *De laudibus sanctae crucis*, um 825/26, Rom, Biblioteca Apostolica Vaticana, Codex Reg. lat. 124, fol. 10v

Codex Vat. Reg. lat. 124, folio 10 v (Abb. 30):

## Kreuzgedicht III

*Salue, sancta salus Christi, o tu passio laeta,*
*Crux ueneranda Dei, doctrix, sapientia, lumen,*
*Laus ueri, cara uirtus, philosophia clara, his*
*Quos dant arua soli, uel culmen condit Olympi,*
*Sidereosque choros, et candida sceptra diei.*

„Sei gegrüßt, heilige Rettung Christi, oh du Glück verheißendes Leiden,
ehrwürdiges Kreuz Gottes, Lehrer, Weisheit, Licht,
Lob der Wahrheit, teure Tugend,
reine Philosophie für die,
die der Erdboden hervorbringt, und auch für die,
die die Höhe des Himmels birgt:
die Sternenchöre und die strahlenden Herrschaftszeichen des Tages".

Die neun im Silber stehenden Buchstaben *CRUX SALVS* („Im Kreuz ist Heil") sind, dem Sinngehalt entsprechend, in Kreuzform angeordnet. In jeden der Buchstaben ist, von unten nach oben streng hierarchisch gegliedert, einer der neun Engelschöre einbeschrieben, wie sie im Alten und Neuen Testament benannt sind. Unten im *X* befinden sich die *Angeli* („Engel") bzw. im *V* die *Arcangeli* („Erzengel"). *S* und *A* des linken bzw. *V* und *S* des rechten Querbalkens beherbergen die *Virtutes* bzw. die *Potestates* sowie den *Principatus* bzw. die *Dominationes*, d. h. die „Mächte", „Herrschaften", „Fürstentümer" und „Gewalten". Im zentralen *L* stehen die *Throni* („Throne"), dominiert vom *R* mit den *Cherubim* und dem *C* mit den ranghöchsten Engeln, den *Seraphim*. Sowohl in der Form als auch in der expliziten Heilsbotschaft steht das Kreuzgedicht III der Schauseite des Bonifatiussteines nahe, den Rabanus wohl 854 anläßlich des 100sten Todestages seines Vorgängers im Amte in Auftrag gegeben hat (s. Kat.-Nr. 8).

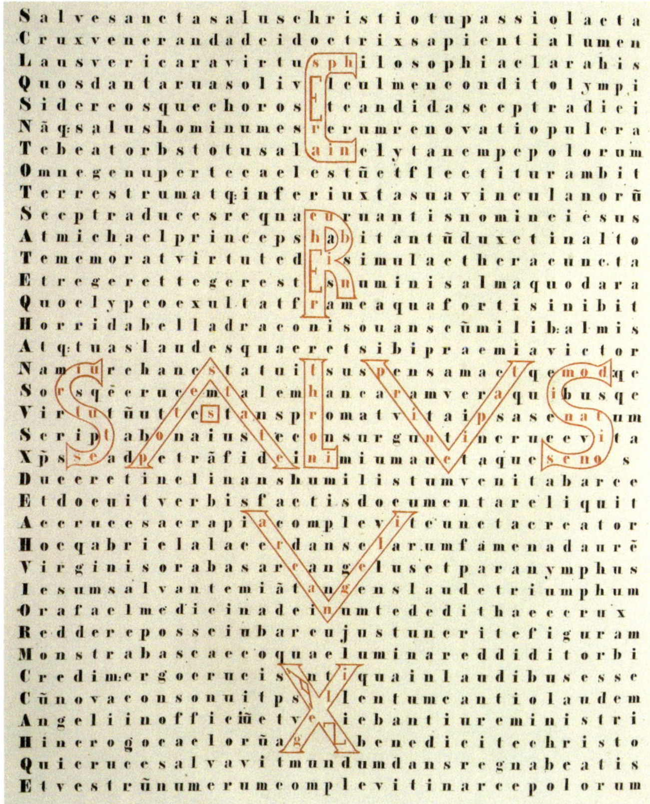


Abb. 31 Umrißschema von Kreuzgedicht III

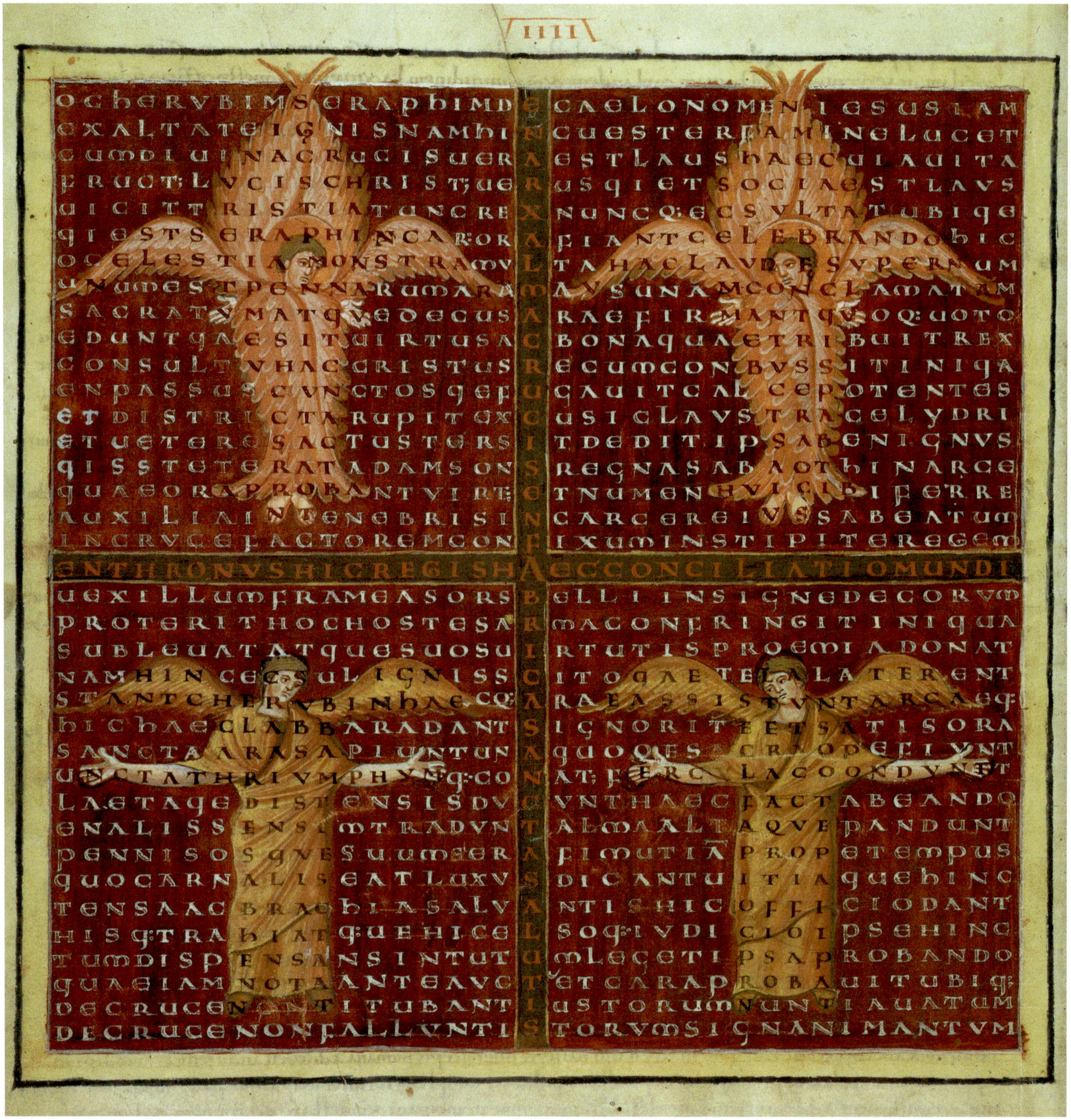

Abb. 32 Kreuzgedicht IV aus *De laudibus sanctae crucis*, um 825/26, Rom, Biblioteca Apostolica Vaticana, Codex Reg. lat. 124, fol. 11v

Codex Vat. Reg. lat. 124, folio 11v (Abb. 32):

## Kreuzgedicht IV

*O Cherubim, Seraphim, de caelo nomen Iesus iam*
*Exaltate: ignis nam hinc uester famine lucet,*
*Cum diuina crucis uera est laus, haec uia, uita;*
*Fructus lucis Christus uerus, qui et socia est laus.*

„Oh Cherubim, Seraphim, preist nun vom Himmel herab den Namen Jesu:
denn von hier leuchtet euer Feuer im Gebet;
indem das göttliche Lob des Kreuzes wahr ist, ist dies der Weg und das Leben;
die wahre Frucht des Lichtes ist Christus, der auch das gemeinsame Lob ist“.

Im Kreuzgedicht IV ist die Bildfläche durch eine zierliche *crux quadrata* in vier gleichgroße Felder geteilt, in die zwei sechsflügelige Seraphim (oben) bzw. zwei Cherubim mit einfachem Flügelpaar (unten) zu sehen sind. Ausgehend von den Versen Jesaja 6,6, in denen ein Seraphim verkündet, daß „Deine Schuld hinweggenommen und deine Sünde getilgt (ist)“, versteht Rabanus die beiden oberen Engel als ein Gleichnis des Kreuzes Christi, durch das die Sünde besiegt wurde. Formal wird dies durch die Stellung der drei Flügelpaare deutlich, die, emporgerichtet, ausgebreitet bzw. abwärts gehalten, für den oberen, den waagerechten bzw. den unteren Teil des Kreuzes stehen. Dem Gleichnis des Jesaja folgend, in dem der Seraphim außerdem mit lodernden Kohlen in den Händen beschrieben wird, scheinen die Seraphim in ihrer farbigen Gestaltung wie in einem Feuer zu glühen, während die Cherubim heller und wie aus bemaltem Holz geschnitzt wirken. Diese Art der Darstellung geht auf 1. Könige, 6, 27 zurück, wo das Allerheiligste von Salomos Tempel, geschmückt mit zwei Cherubim aus Olivenholz, beschrieben wird. Auch die Cherubim bezieht Rabanus formal auf die Kreuzigung Christi, worauf auch die ihnen einbeschriebenen Textstellen verweisen.

Ähnlich wie beim Kreuzgedicht XXIV, dessen formale Gestaltung eng mit einem heute noch erhaltenen Kreuz korrespondiert (s. Abb. 50 und 74), könnte auch die hier formulierte Verbindung zwischen Engeln und Kreuz einstmals in einem realen Kunstwerk seinen Niederschlag gefunden haben. Immerhin überliefern uns die schriftlichen Quellen, daß Rabanus für eine Kirche ein zwischen zwei Seraphim gestelltes Kreuz anfertigen ließ.

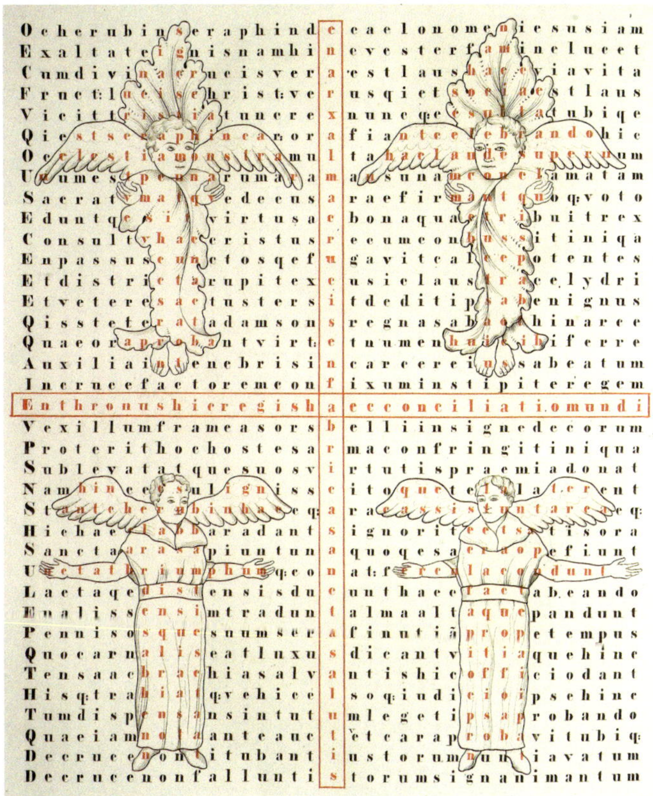

Abb. 33 Umrißschema von Kreuzgedicht IV

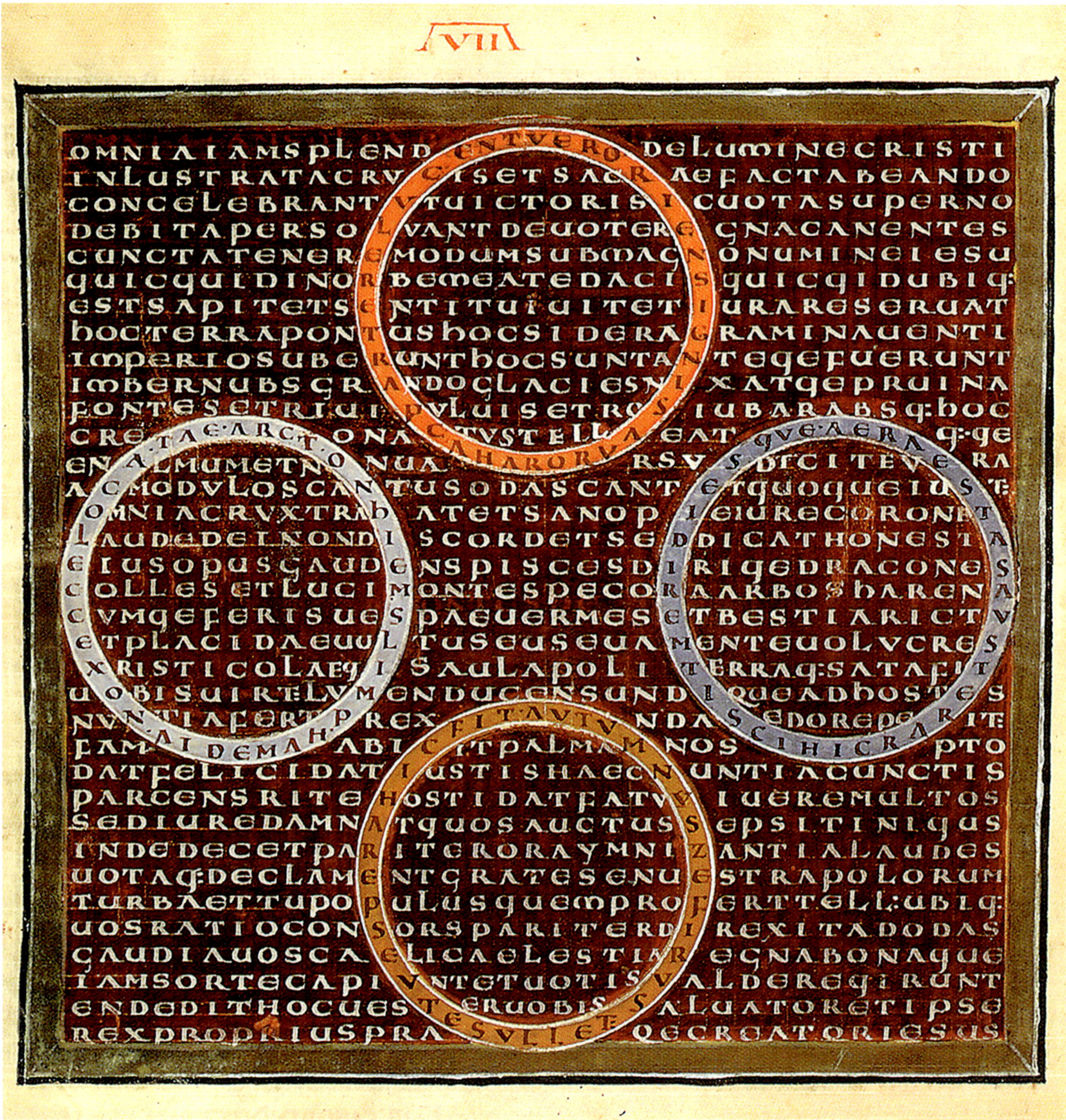


Abb. 34 Kreuzgedicht VII aus *De laudibus sanctae crucis*, um 825/26, Rom, Biblioteca Apostolica Vaticana, Codex Reg. lat. 124, fol. 14v

Codex Vat. Reg. lat. 124, folio 17v (Abb. 34):

## Kreuzgedicht VII

*Omnia iam splendent uero de lumine Christi*
*Inlustrata, crucis et sacrae facta beando*
*Concelebrant, ut uictori sic uota superno*
*Debita persoluant, deuote regna canentes*
*Cuncta tenere modum sub magno numine Iesu.*

„Alles glänzt schon vom wahren Licht Christi beleuchtet,
und rühmt die Taten des heiligen Kreuzes und preist sie selig,
um so dem göttlichen Sieger die ihm zukommenden Gebete darzubringen,
die, die demütig besingen, daß alle Königreiche
begrenzt sind unter der großen und göttlichen Macht Jesu".

Im Kreuzgedicht VII sind vier Ringe in Kreuzform angeordnet. Hier knüpft Rabanus die für das Mittelalter klassische Verbindung von den vier Elementen mit den vier Himmelsrichtungen sowie den vier Tages- und Jahreszeiten, die jeweils im Inneren der Ringe mit jeweils 36 Buchstaben langen Sentenzen aufgeführt werden. „Frühling, Osten, Feuer, Morgenröte erstrahlen an dieser Stelle" *(Ver, oriens, ignis, aurora hac parte relucent)* verkündet der obere Ring, „Herbst, Westen, Erde und Abend sind hier vorhanden" *(Autumnus, zefyrus, tellus et vespera hic fit)* der untere. „Norden, Winter, Wasser, Mitternacht siehe hier am Ort" *(Arcton, hiems, lympha, media nox ecce locatae)* fordert der linke Ring, während der rechte Ring wünscht, daß „Luft, Sommer, Süden und Mittag mögen hier sein" *(Aer, aestas, auster arci hic sit meridisque)*. Die genannten Zuordnungen sind nicht neu: sie finden sich so oder in ähnlichen Zusammenstellungen bereits bei frühmittelalterlichen Autoren wie Augustinus oder Isidor von Sevilla, die ihrerseits wieder auf dem Wissen heidnisch-antiker Schriftsteller wie Platon oder des griechisch-römischen Mediziners Galen basieren. Neu ist allerdings die Anordnung in kreuzförmig angeordneten Kreisen, die nach den beigegebenen Erläuterungen Zeichen einer der Zeit unterworfenen Welt sind, die sich im Werden und Vergehen der Jahreszeiten ständig erneuert.

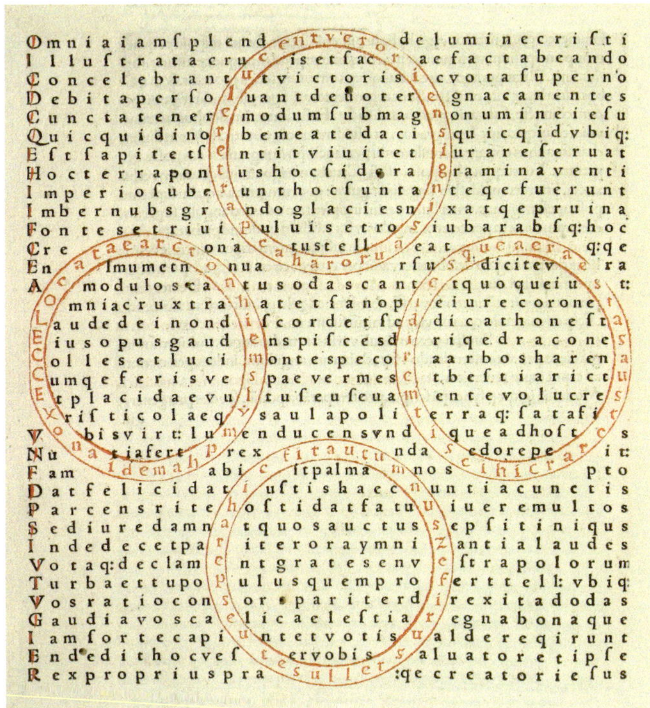

Abb. 35 Umrißschema von Kreuzgedicht VII

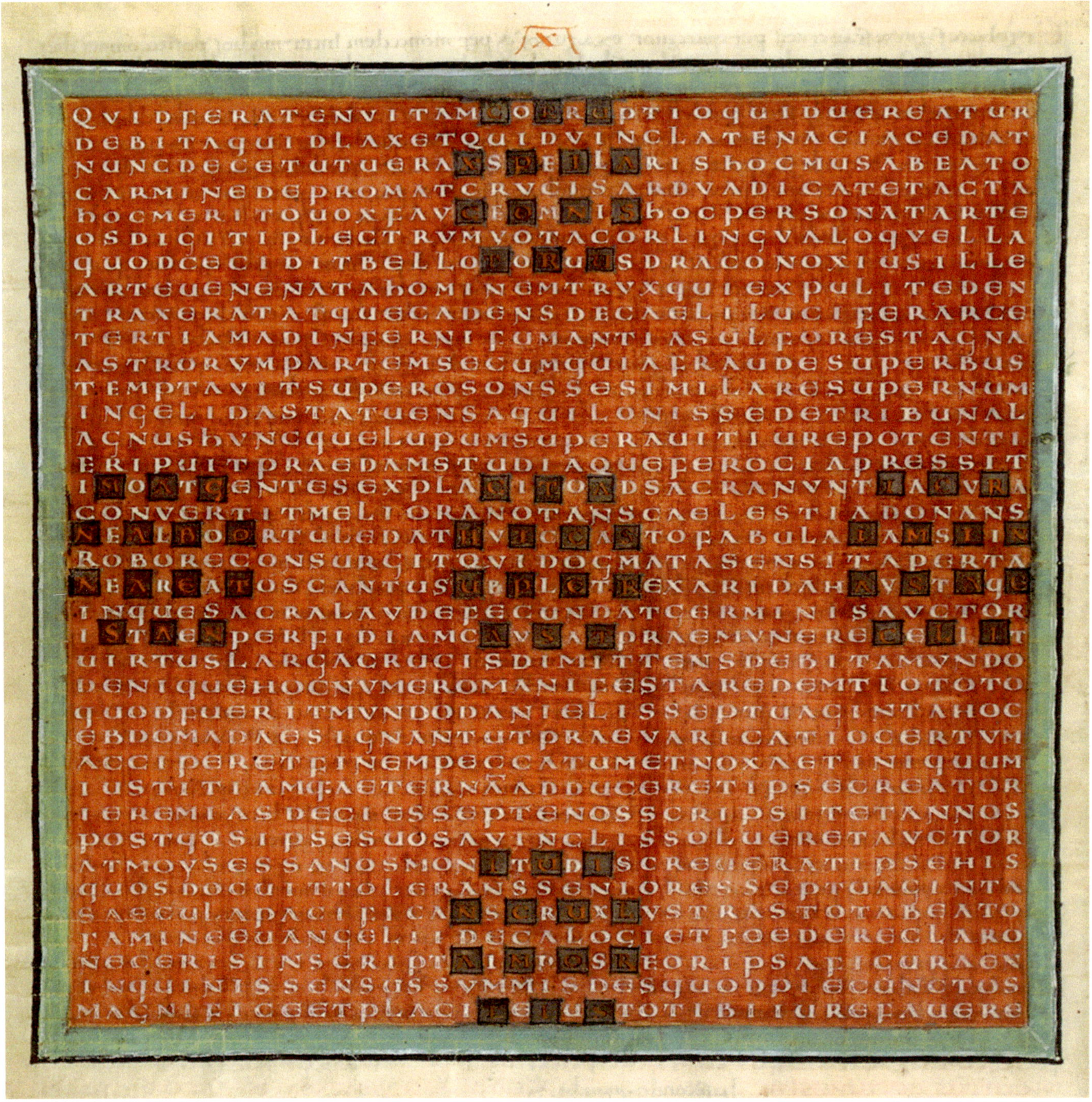

Abb. 36 Kreuzgedicht X aus *De laudibus sanctae crucis,* um 825/26, Rom, Biblioteca Apostolica Vaticana, Codex Reg. lat. 124, fol. 17v

Codex Vat. Reg. lat. 124, folio 17v (Abb. 36):

## Kreuzgedicht X

*Quid ferat en uitam, corruptio quid uereatur,*
*Debita quid laxet, quid uincla tenacia cedat,*
*Nunc decet ut uerax spe hilaris hoc musa beato*
*Carmine depromat, crucis ardua dicat et acta.*

„Sieh, was das Leben trägt, was der Verfall ehrt,
was die Sünden vergibt,
was die festen Fesseln überwindet:
es ziemt sich nun, daß die Wahres kündende,
durch Hoffnung heitere Dichtkunst dies
in einem glückseligen Lied darbietet
und von den erhöhten Taten des Kreuzes berichtet".

Das Kreuzgedicht X thematisiert die Verbindung der Zahl „70" mit dem Kreuz. Siebzig In-Text-Buchstaben, verteilt auf je vierzehn Einzelquadrate in fünf sogenannten *spherulae*, sind innerhalb der Seite kreuzförmig verteilt. Sie stehen nach den in der *declaratio* beigefügten Erläuterungen u. a. für die siebzig Ältesten, die zusammen mit Moses Jahwe auf dem Berge schauen durften. Sie stehen aber auch für die siebzig Jahre, die das jüdische Volk in der babylonischen Gefangenschaft verbrachte. Dieses alttestamentarische Ereignis bezieht Rabanus auf das Erlösungswerk des Kreuzes: wie der Gott des Alten Bundes sein auserwähltes Volk aus der Knechtschaft befreite, so bringt auch der Kreuzestod Christi den Menschen des Neuen Bundes die Freiheit von Tod und Sünde. Der In-Text der Quadrate greift diese Botschaft auf: *Crux pia constructa hic superasti vincula mortis* („Frommes, errichtetes Kreuz, hier hast du die Fesseln des Todes überwunden") steht hier, von oben nach unten gelesen, während sich von links nach rechts, unter Einschluß des wiederum einzubeziehenden Mittelfeldes, die Botschaft *Magna bona et sancta hic superasti crimina saecli* („Großes, gutes und heiliges [Kreuz], hier hast du die Verbrechen der Welt überwunden") ergibt.

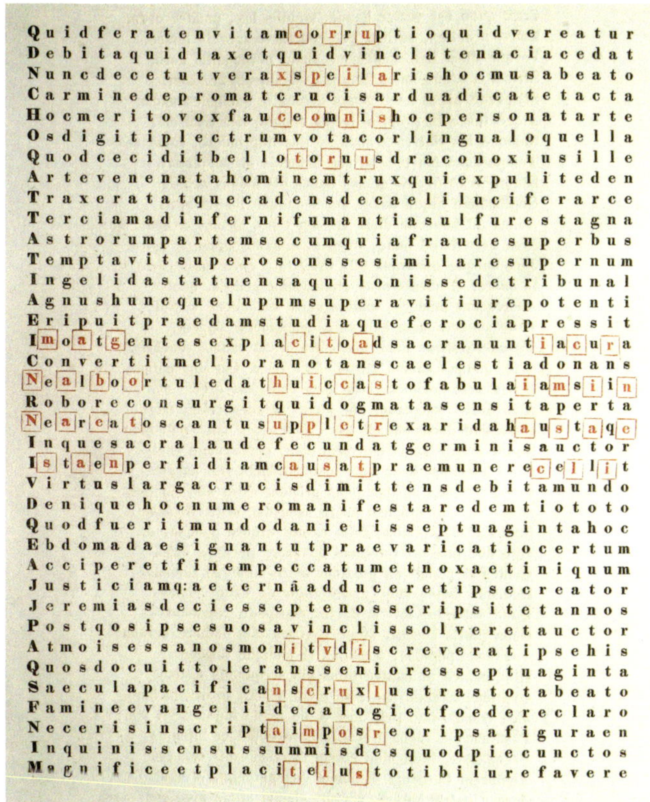

Abb. 37 Umrißschema von Kreuzgedicht X

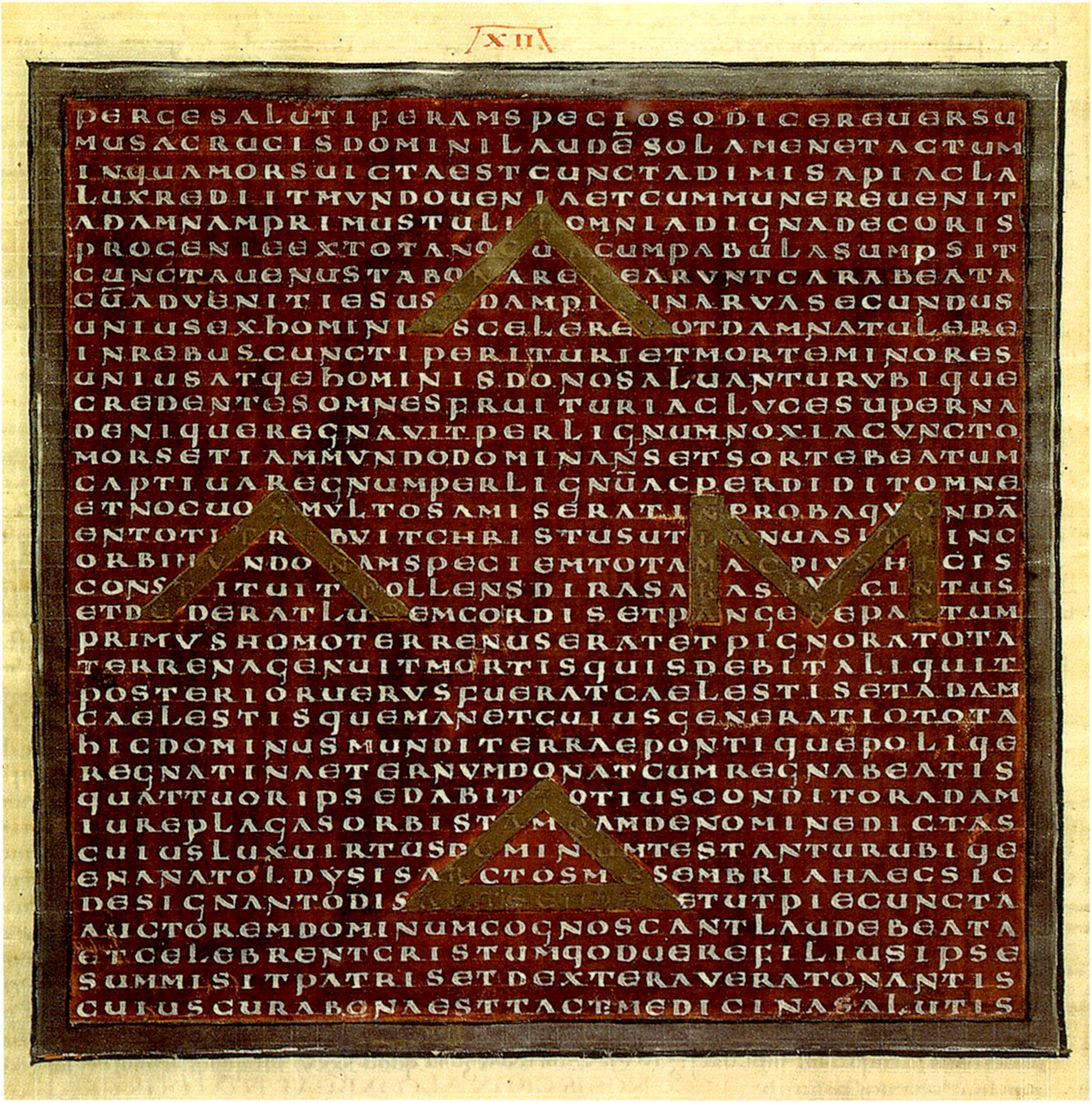


Abb. 38 Kreuzgedicht XII aus *De laudibus sanctae crucis*, um 825/26, Rom, Biblioteca Apostolica Vaticana, Codex Reg. lat. 124, fol. 19v

Codex Vat. Reg. lat. 124, folio 19v (Abb. 38):

## Kreuzgedicht XII

*Perge salutiferam specioso dicere uersu*
*Musa crucis Domini laudem, solamen et actum,*
*In qua mors uicta est, cuncta dimissa piacla,*
*Lux rediit mundo, uenia et cum munere uenit.*

„Fahre fort, Muse, mit wohlklingendem Vers
das Heil bringende Lob des Kreuzes des Herrn zu besingen,
Trost und Tat, durch welche der Tod besiegt
und alle Sünden verziehen wurden,
das Licht in die Welt zurückkehrte und
mit dem Geschenk die Vergebung kam".

Die vier griechischen Buchstaben **AΔAM**, kreuzförmig angeordnet, beschwören den Stammvater des Menschengeschlechtes, Adam. Die Parallelisierung von Adam und Christus ist eine der gängigsten typologischen Gleichsetzungen des Mittelalters, brachte Adam doch die Sünde über die Welt, die Christus mit seinem Tod auf sich nahm. Rabanus geht aber weit über diese bekannte Symbolik hinaus, indem er zusätzliche Sinnebenen hinzunimmt. Laut der in der *declaratio* beigefügten Erklärung des Gedichtes versteht er diese Buchstaben als Abkürzung für die griechischen Worte *Anatole, Disis, Arctos* und *Mezembris*, die die vier Himmelsrichtungen bezeichnen. So verdeutlicht Rabanus die universelle Dimension von Sündenfall und Erlösung. Zugleich greift er damit aber auch einen spätantiken Gedanken auf, den über Augustinus und Isidor von Sevilla auch Rabans Lehrer Alkuin in seinem Kommentar zum Johannes-Evangelium niederschrieb, nämlich, daß Gott den Leib des Adam aus allen Bestandteilen der Welt geformt habe.
Ähnlich den lateinischen, so besitzen auch die griechischen Buchstaben einen Zahlenwert, in diesem Falle steht das **A** für eins, das **Δ** für vier und das **M** für vierzig. Unter Berücksichtigung des doppelten **A** ergibt sich somit eine Gesamtsumme von 46, eine Zahl, die im Alten Testament für die Bauzeit des salomonischen Tempels steht. Christus selbst beschreibt in Johannes 2,21 seinen Leib als den neuen salomonischen Tempel (der Auferstehung), den er am dritten Tage errichten wird: hier schließt sich der von Rabanus kunstvoll errichtete Kreis von Kreuz und Erlösung im Zeichen von Buchstabe und Zahl.

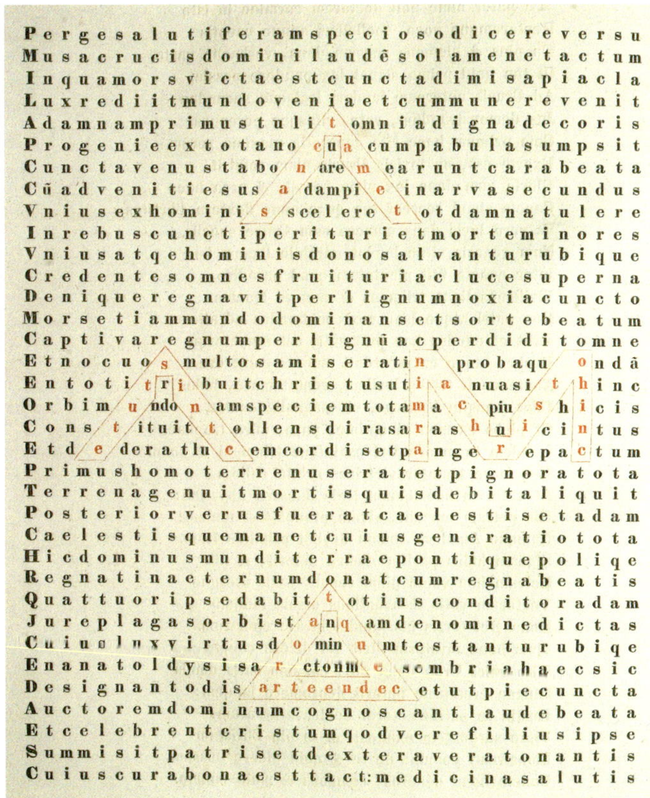


Abb. 39 Umrißschema von Kreuzgedicht XII

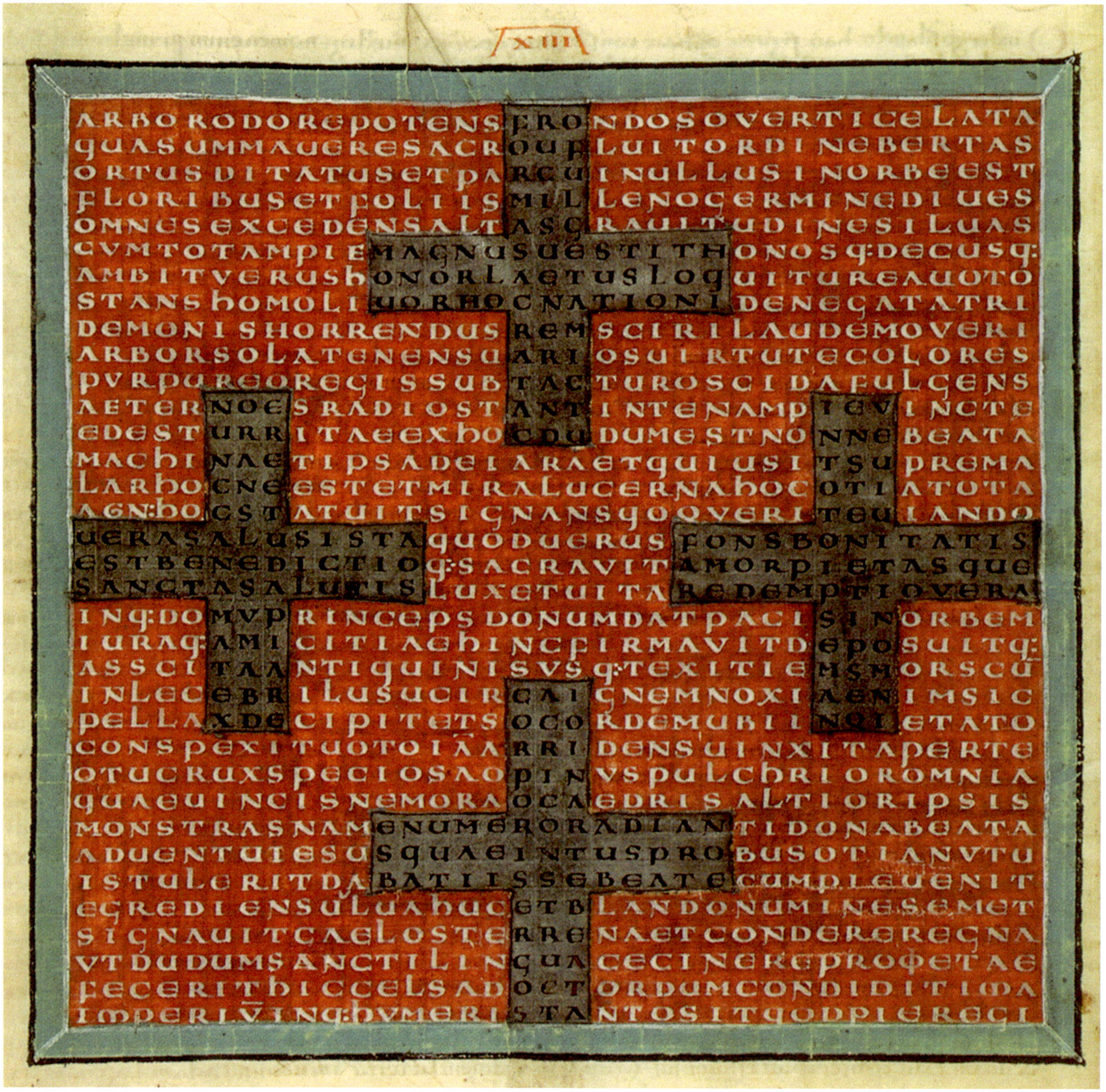


Abb. 40 Kreuzgedicht XIII aus *De laudibus sanctae crucis*, um 825/26, Rom, Biblioteca Apostolica Vaticana, Codex Reg. lat. 124, fol. 20v

Codex Vat. Reg. lat. 124, folio 20v (Abb. 40):

## Kreuzgedicht XIII

*Arbor odore potens, frondoso uertice lata,*
*Qua summa uere sacro u fluit ordine bertas,*
*Hortus ditatus et par cui nullus in orbe est*
*Floribus et foliis, milleno germine diues,*
*Omnes excedens altas grauitudine siluas.*

„Ein Baum von starkem Wohlgeruch,
breit durch die belaubte Krone,
der mitten im Frühling nach heiliger Regel
an Fülle überfließt,
auch kommt ihm kein überreicher Garten auf der Welt an Blüten und Blättern gleich, er ist reich durch tausende Knospen und überragt alle hohen Wälder an Würde".

Im Mittelpunkt des XIII. Figurengedichtes steht die Verherrlichung der menschlichen Natur Christi. Vier silberfarbene Kreuze, die innerhalb der Seite wiederum kreuzförmig angeordnet sind, besitzen zusammen 276 In-Text-Buchstaben. Mit dieser Zahl weist Rabanus auf die Anzahl der Tage hin, die der menschgewordene Christus bis zur Geburt im Leib Mariä verbrachte. 276 Tage sind neun Monate und sechs Tage. Die beiden Zahlen sechs und neun lassen sich wiederum auf die Erschaffung des Menschen am sechsten Tage der Schöpfung bzw. die Engel beziehen. Auch die himmlischen Heerscharen, in neun Chören organisiert (s. Kreuzgedicht III), sind gleich dem Menschen mit einer Seele bedacht.

In Anpassung an die sechs und die neun hat Rabanus die Anzahl von Buchstaben eines jeden einzelnen Kreuzes auf 69 beschränkt, wobei er darauf achtet, diese 69 Buchstaben gemäß dem 6/9er-Schema so zu verteilen, daß sich im Zentrum eines jeden Kreuzes neun Buchstaben befinden, die wiederum in den vier Kreuzenden von insgesamt 60 Buchstaben umgeben sind. Das die In-Texte der Kreuze unter der doppelten Verwendung der neun Mittelbuchstaben sowohl von oben nach unten als auch von links nach rechts gelesen werden sollen, hat die Suche nach geeigneten Versen sicherlich nicht erleichtert.

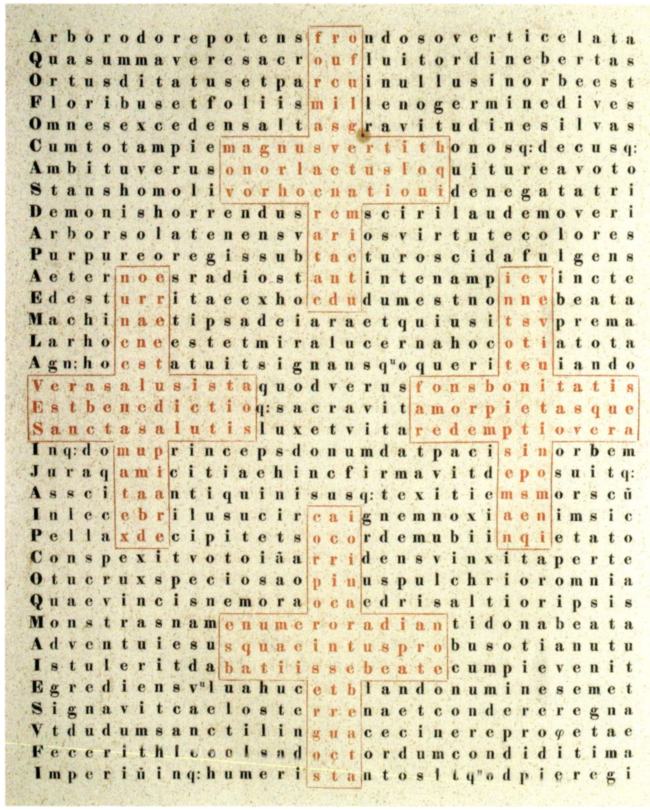


Abb. 41 Umrißschema von Kreuzgedicht XIII

Abb. 42 Kreuzgedicht XV aus *De laudibus sanctae crucis,* um 825/26, Rom, Biblioteca Apostolica Vaticana, Codex Reg. lat. 124, fol. 22v

Codex Vat. Reg. lat. 124, folio 22v (Abb. 42):

## Kreuzgedicht XV

*Nate Patris summi, qui tela ferocia frangis,*
*Da mihi rite crucis uictricia carmina fari.*

„Sohn des höchsten Vaters,
der du grausame Waffen zerbrichst,
gewähre mir, gemäß dem Kreuze
siegreiche Lieder zu verkünden".

Kreuzförmig angeordnet zeigt das Figurengedicht XV im Zentrum das Lamm Gottes, umgeben von den vier Evangelistensymbolen. Die Symbole sind in einer chronologischen Reihung angeordnet, sodaß das Symbol für das Matthäus-Evangelium, das als das älteste angesehen wird, unten steht. Dementsprechend folgt auf die Halbfigur des Matthäus-Engels der links angeordnete Markuslöwe, dann der rechts plazierte Stier des Lukas, während der Adler des Johannes den krönenden Abschluß bildet. In den Schriftbändern, die die vier in der Apokalypse (4,6–7) beschriebenen Wesen in den Händen halten, sind die zentralen Eingangsworte des jeweiligen Evangeliums hineingeschrieben: *Liber Generationi[s]* („Buch der Abstammung") bei Matthäus, *Vox clamantis* („Stimme eines Rufenden") bei Markus, *Fuit in diebus Hero[dis]* („In den Tages des Herodes gab es") bei Lukas sowie *In principio erat v[erbum]* („Im Anfang war das Wort") bei Johannes.

Neben einer auf der zeitlichen Abfolge der Evangelien basierenden Plazierung der Symbole gab es auch inhaltliche Gründe, die Rabanus zu der hier gewählten, bewußt hierarchischen Anordnung veranlaßten. Wie er im In-Text der Evangelistensymbole andeutet und in seinen Erläuterungen zu diesem Figurengedicht detaillierter ausführt, standen für ihn dabei die christologischen Konzepte des jeweiligen Evangeliums im Vordergrund. So sieht er einen der Grundgedanken des Matthäus-Evangeliums in der Schilderung der Sippe Davids, der der Mensch Christus entstammt; daher bildet die menschliche Engelsfigur die Basis der Komposition. Markus hebt die königliche Natur Christi hervor, für sie steht der König der Tiere, der Löwe. Lukas wiederum betont nach Rabanus die hohepriesterliche Stellung Christi, die gleichgewichtig zum Königtum eine parallele Anordnung des Stieres zum Löwen in der ranghöheren mittleren Bildebene erlaubt. Über diesen dreien erhebt sich der Johannes-Adler, das Symbol jenes Evangelisten, dem bereits Rabans Lehrer Alkuin den höchsten Rang zubilligte, da jener sein Wissen unmittelbar von Christus bezogen habe, als er während des Abendmahles an der Brust des Herrn ruhte. Tatsächlich beschwört Johannes bereits im Prolog seines Evangeliums die nur mystisch erfaßbare Göttlichkeit Christi, der der höchste Stellenwert gebühre. Der In-Text des im Zentrum stehenden Lamm Gottes faßt diese um die Person Christi kreisenden Gedanken zusammen. Er beinhaltet die im Johannes-Evangelium (1,29) verkündete zentrale Erlösungsbotschaft: *Ecce agnus Dei, ecce qui tollit peccata mundi* („Siehe, das Lamm Gottes, das die Sünde der Welt hinwegnimmt").

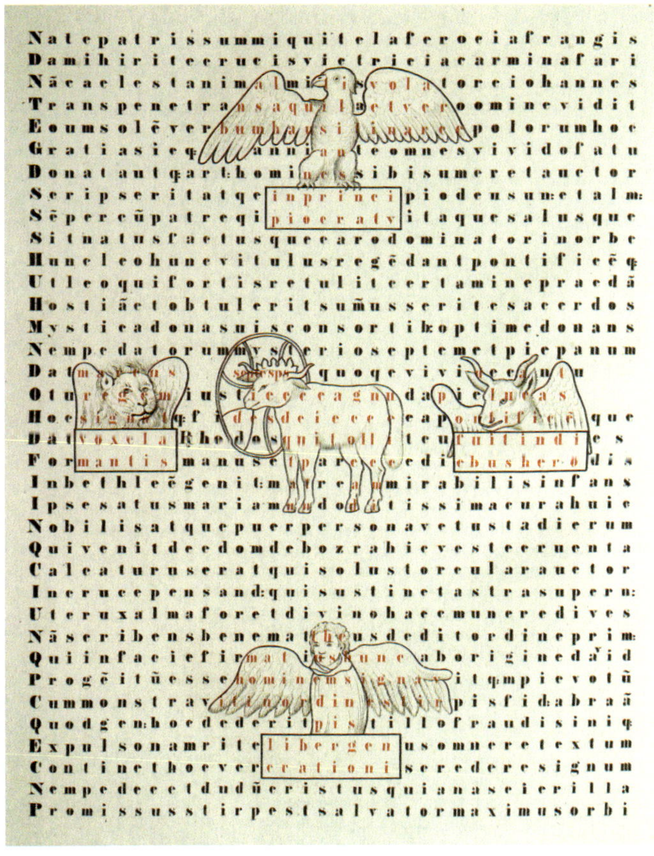

Abb. 43 Umrißschema von Kreuzgedicht XV

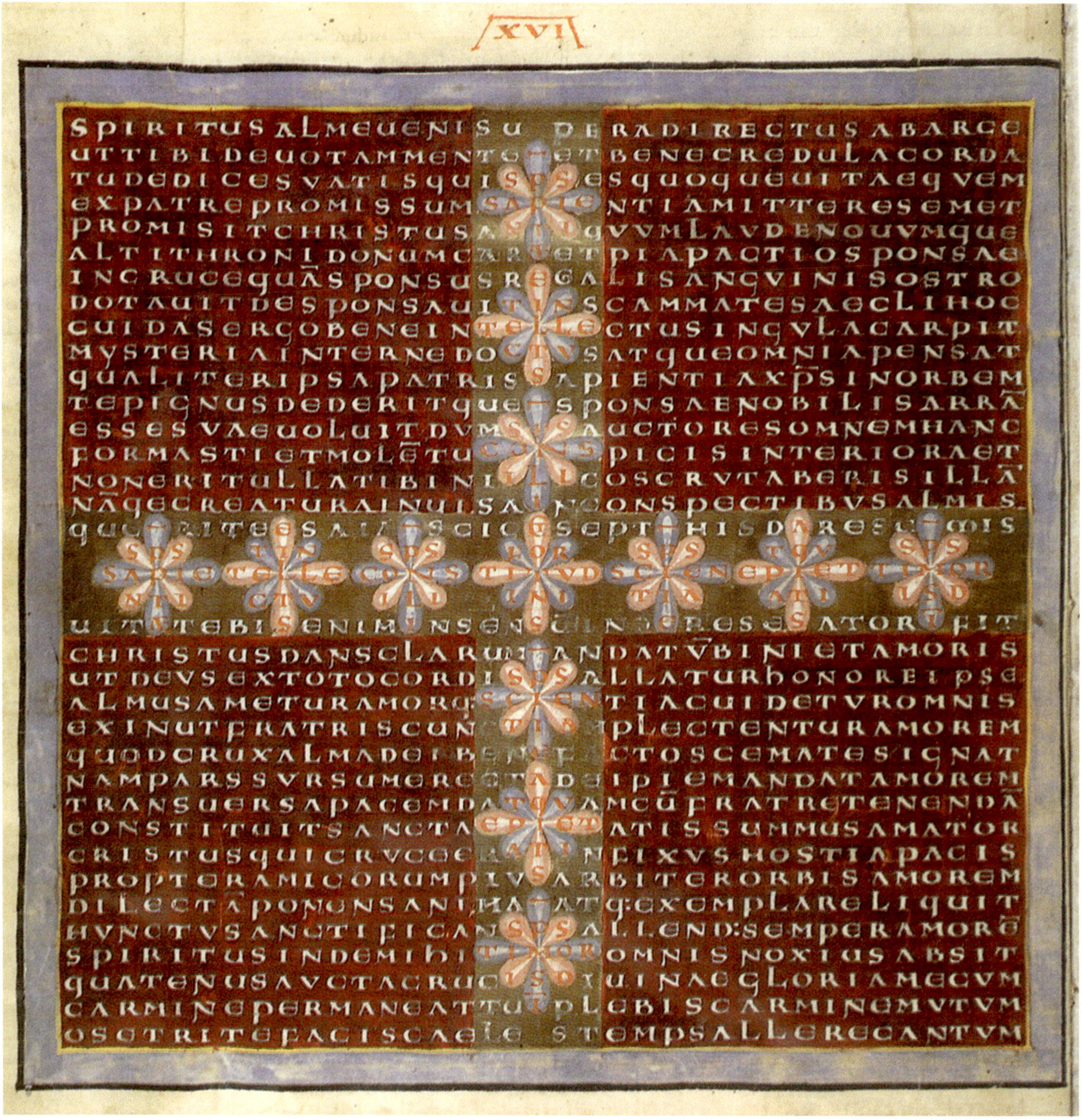


Abb. 44 Kreuzgedicht XVI aus *De laudibus sanctae crucis,* um 825/26, Rom, Biblioteca Apostolica Vaticana, Codex Reg. lat. 124, fol. 23v

Codex Vat. Reg. lat. 124, folio 23v (Abb. 44):

## Kreuzgedicht XVI

*Spiritus alme, ueni supera directus ab arce,*
*Vt tibi deuotam mentem et bene credula corda*
*Tu dedices uatis.*

„Gütiger Geist, komm geradewegs
von der himmlischen Burg,
damit du dir den unterwürfigen Verstand
und das rechtgläubige Herz
des Dichters weihst".

Kreuzgedicht XVI steht im Zeichen des Heiligen Geistes und der von ihm gewährten sieben Gaben, die im Kreuzstamm durch sieben achtblättrige Blütenrosetten verkörpert werden. Ausgangspunkt der Darstellung sind die ersten beiden Verse des 11. Kapitels von Jesaja: „Aus Isais Stumpf aber sproßt ein Reis, und ein Schößling bricht hervor aus seinem Wurzelstock. Auf ihm ruht der Geist Jahwes: Der Geist der Weisheit und des Verstandes, der Geist des Rates und der Stärke, der Geist der Erkenntnis und der Furcht Jahwes (des Herrn)". Um die Frömmigkeit *(pietas)* ergänzt sind diese Eigenschaften in lateinischer Sprache in die Blüten einbeschrieben: *Sp[iritu]s Sapienti[a]e / Et Intellectus / Sp[iritu]s Consilii / Et Fortitudinis / Sp[iritu]s Scientiae / Atque Pietatis / Sp[iritu]s Timoris D[omin]i.* Jene Blüten sind die von Jesaja beschriebenen Schößlinge, die aus dem Reis, dem Kreuze Christi, sprießen. Höchsten symbolischen Wert besitzen auch die für dieses Figurengedicht gewählten Farben blau, weiß, scharlach und purpur. So steht purpur beispielsweise, wie Rabanus selbst erläutert, für das in der Passion vergossene Blut des Herrn. Auch die anderen Farben sind auf die Person Christi zu beziehen.

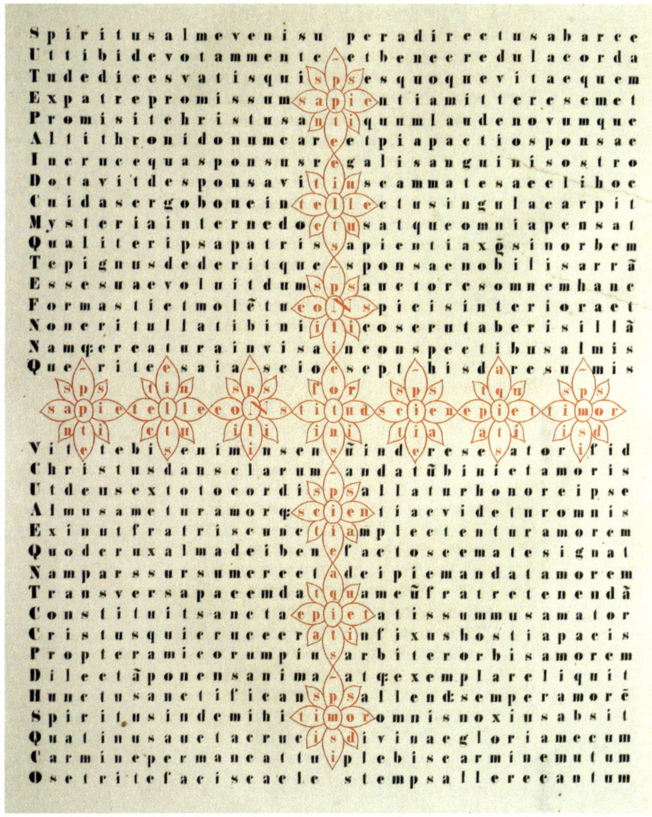

Abb. 45 Umrißschema von Kreuzgedicht XVI

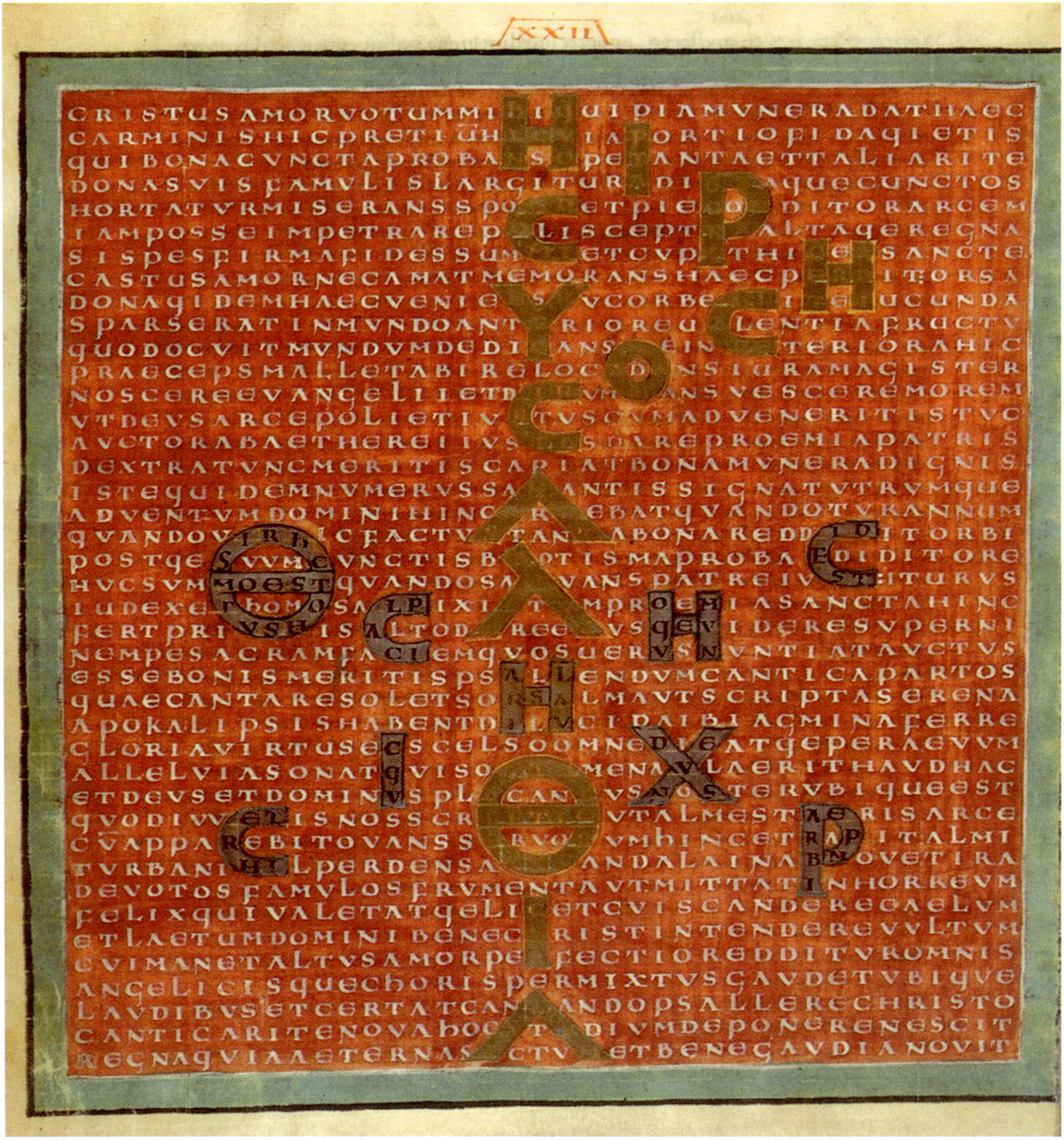


Abb. 46 Kreuzgedicht XXII aus *De laudibus sanctae crucis*, um 825/26, Rom, Biblioteca Apostolica Vaticana, Codex Reg. lat. 124, fol. 29v

Codex Vat. Reg. lat. 124, folio 29v (Abb. 46):

## Kreuzgedicht XXII

*Christus, amor, uotum, mihi qui pia munera dat haec,*
*Carminis hic pretium, hic uia, portio fida quietis.*

„Christus, Liebe, Gebet, der mir
diese frommen Ämter gibt,
er ist das Lob für das Lied, er ist der Weg,
der zuverlässige Anteil an der Ruhe".

Kreuzgedicht XXII ist eines der kompliziertesten Figurengebilde von *De laudibus* überhaupt. Es zeugt von dem unglaublichen Ideenreichtum, dem Wissen und der Kreativität, die Rabanus in den Dienst seines eigentlichen Anliegens stellt: die Verehrung des Kreuzes und des Namens Christi.
Ausgangspunkt der Gestaltung ist eine Vorlage des spätantiken Dichters Porfyrius Optatianus (s. Abb. 23). Sie muß Rabanus bekannt gewesen sein; als Vermittler dürfte vermutlich sein Lehrer Alkuin in Frage kommen, der nachweislich eine Handschrift mit Figurengedichten dieses spätantiken Dichters besaß (s. S. 44). Wie Porfyrius so benutzt auch Rabanus zur Gestaltung dieser Bildseite griechische Buchstaben, ein Hinweis darauf, daß er zumindest rudimentäre, wahrscheinlich aber profunde Kenntnisse dieser Sprache gehabt haben muß. Rabanus fügt die einzelnen Buchstaben verschiedener griechischer Worte zu einem sogenannten *Christogramm* zusammen, das seinerseits durch die griechischen Buchstaben *Chi (= X)* und *Rho (= P)* definiert ist, die, formal gesehen, unterhalb der Rundung des *P* übereinandergelegt sind. Das griechische Buchstabenzeichen *X* setzt Rabanus aus den geheiligten Namen Christi zusammen: *Θ[EO]C, XP[HCTV]C, IHC[YC]* („Gott – Christus – Jesus"). Das griechische Buchstabenzeichen P wiederum wird von den drei Christusnamen *OC[OT]HP, IHCYC, AΛHΘIA* („Der Erlöser – Jesus – die Wahrheit") gebildet. Sie beginnen bei der inneren unteren Rundung des *P*, laufen nach oben um und dann den gesamten Buchstabenstamm von oben nach unten herab. Die In-Texte der einzelnen Buchstaben wiederum bilden eine – lateinisch verfaßte – Laudatio auf eben diese Namen.
Doch damit nicht genug, denn Rabanus nutzt zugleich den Zahlenwert, den diese griechischen Buchstaben über ihren semantischen Zusammenhang hinaus auch noch besitzen. Als Summe des *P* ergibt sich die bereits aus der Offenbarung des Johannes (Apk. 12,6) bekannte Zahl „1260", die dort die Tage des apokalyptischen Weibes (Maria mit dem Kind) in der Wüste vermerkt. Rabanus bezieht sie darüber hinaus auf die 1260 Tage, die Christus in der Öffentlichkeit lehrte. Die einzelnen Zahlzeichen des *X* addiert Rabanus auf eine Summe von insgesamt 1335, die nach dem Propheten Daniel die Zahl der Tage angibt, die einst zwischen der Niederlage des Antichristen und der zweiten Wiederkehr Christi verstreichen werden.

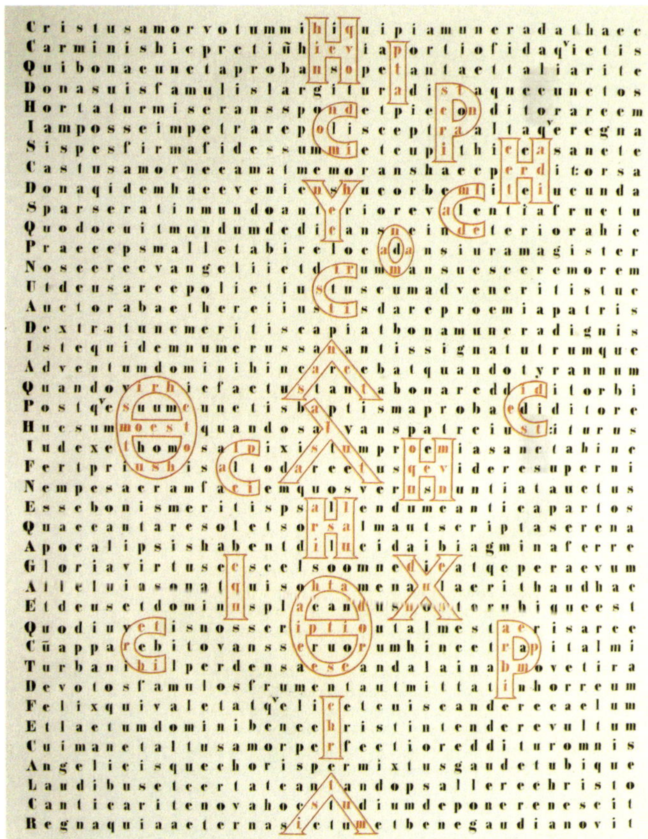

Abb. 47 Umrißschema von Kreuzgedicht XXII

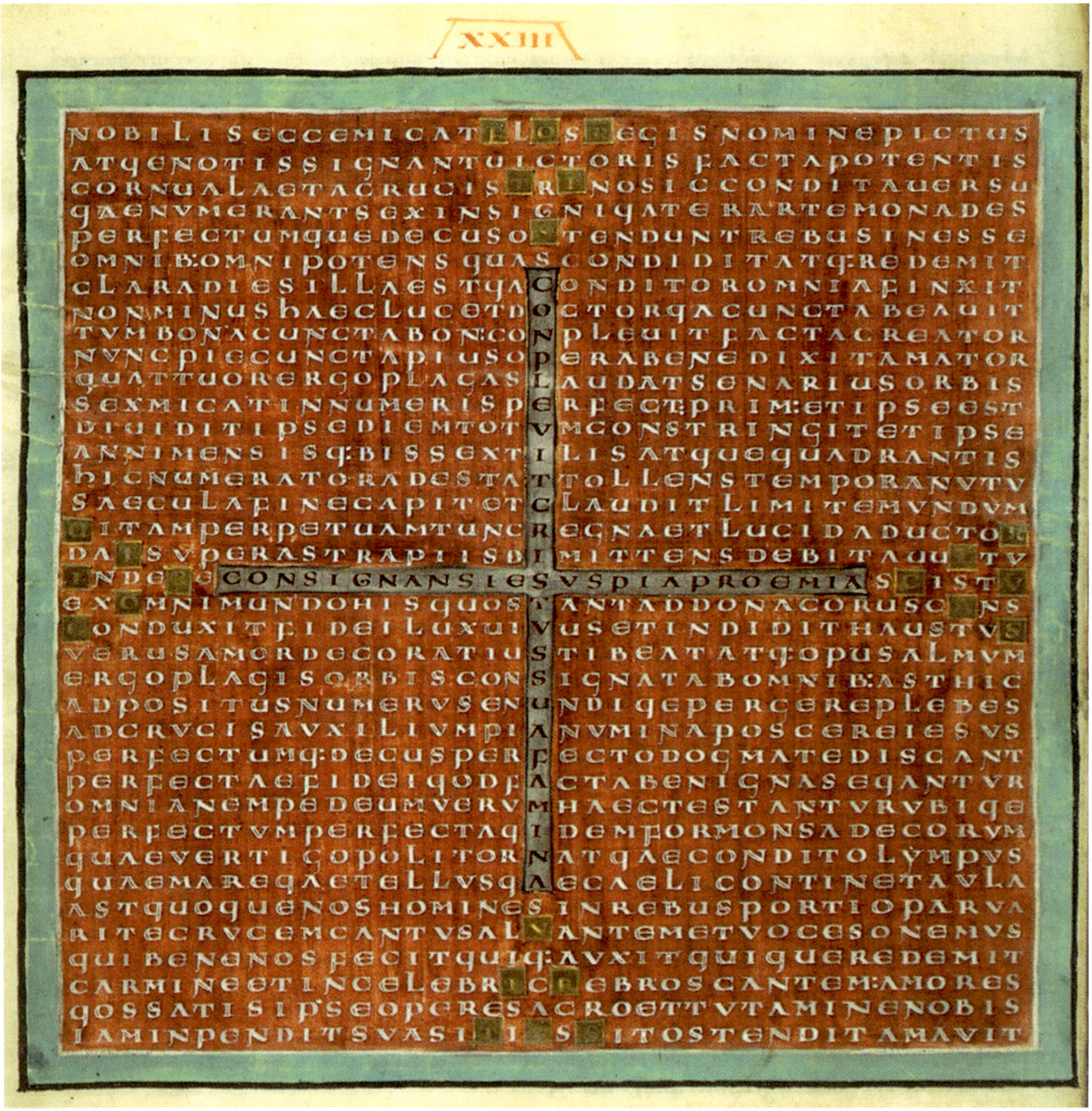


Abb. 48 Kreuzgedicht XXIII aus *De laudibus sanctae crucis*, um 825/26, Rom, Biblioteca Apostolica Vaticana, Codex Reg. lat. 124, fol. 30v

Codex Vat. Reg. lat. 124, folio 30v (Abb. 48):

## Kreuzgedicht XXIII

*Nobilis ecce micat flos regis nomine pictus,*
*Atque notis signant uictoris facta potentis*
*Cornua laeta crucis, trino sic condita uersu.*

„Sieh, es schimmert die edle Blume,
im Namen des Königs gemalt;
und die Glück verheißenden Balken des Kreuzes,
die so im dreifachen Vers untergebracht sind,
machen durch Zeichen die Taten
des mächtigen Siegers kenntlich".

Figurengedicht XXIII zeigt ein schmales Kreuz mit vier gleichlangen Balken, die in gleichschenkligen Dreiecken, gebildet aus jeweils sechs Buchstabenkästchen, enden. Die sich aus 4 x 6 ergebende Gesamtzahl von 24 Buchstaben ist nicht nur eine der Ordnungszahlen des mittelalterlichen Weltbildes, das neben den uns geläufigen 24 Stunden des Tages z. B. auch die 24 Sphären des Himmels kennt. Darüber hinaus ist die 24 auch eine der wichtigsten biblischen Zahlen: so umfaßt das Alte Testament 24 Bücher, außerdem berichtet die Bibel ebenso von den 24 Nachkommen Aarons (1. Chron. 24,1ff) wie von den 24 Ältesten, die am Tag des Jüngsten Gerichtes den Thron des Herrn umgeben (Apk. 4,4).
Im Zentrum des Kreuz sind von oben nach unten bzw. links nach rechts die beiden Worte „Jesus Christus" zu lesen, die, zusammen mit den vier In-Texten der Kreuzenden, den Vers *Jesus Christus, fortis virtus, victor clarus* („Jesus Christus, tapfere Tugend, glänzender Sieger") ergeben.

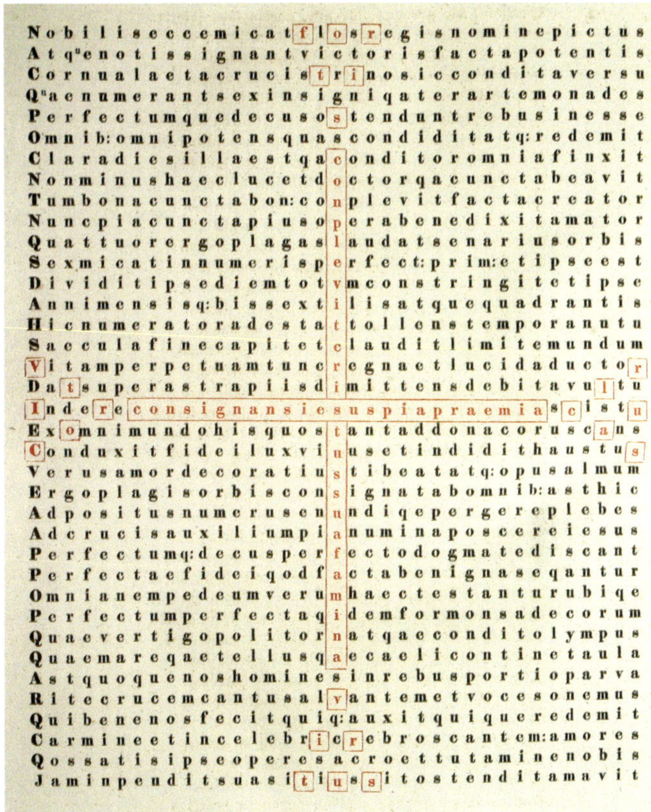

Abb. 49 Umrißschema von Kreuzgedicht XXIII

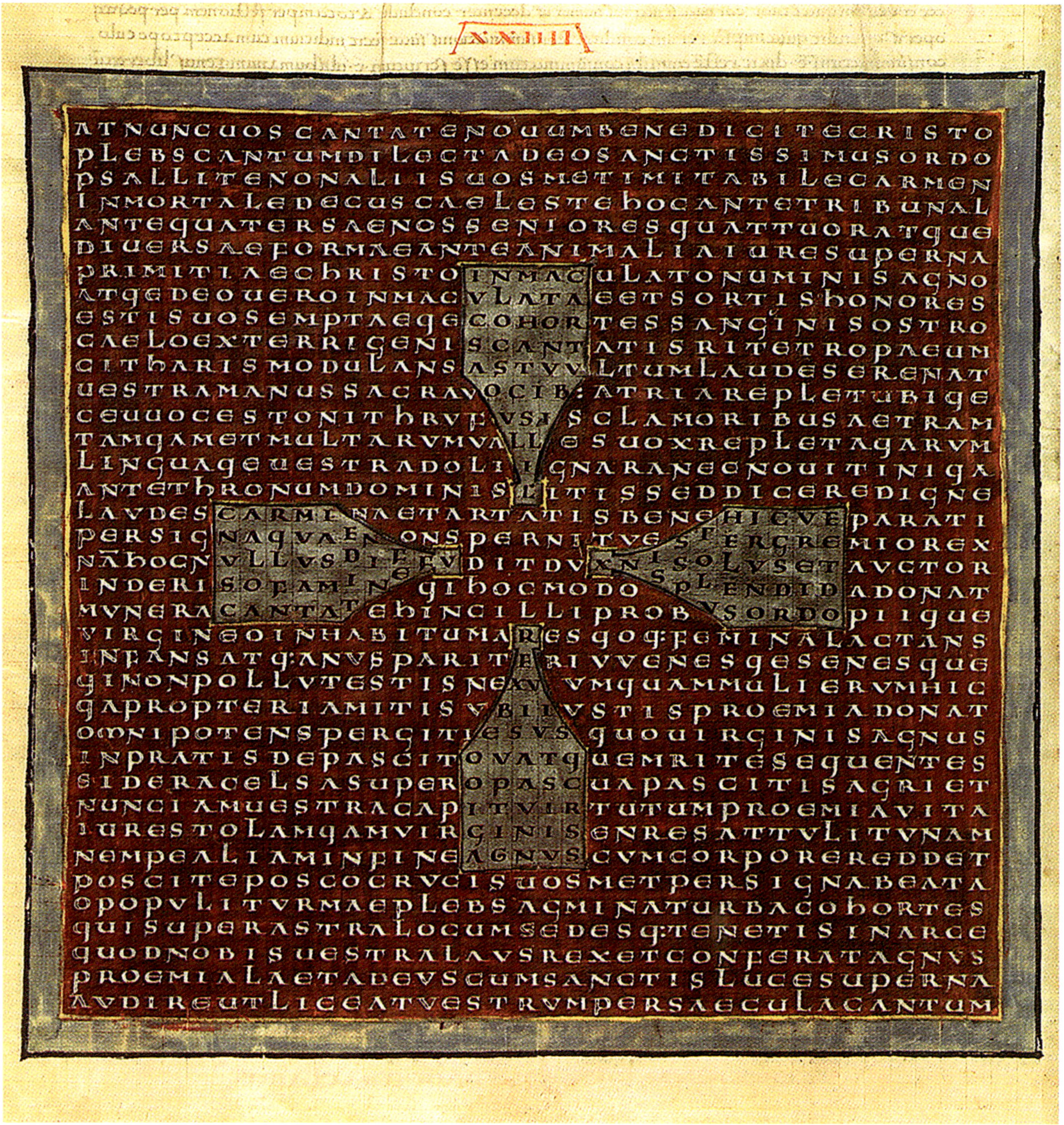

Abb. 50 Kreuzgedicht XXIV aus *De laudibus sanctae crucis*, um 825/26, Rom, Biblioteca Apostolica Vaticana, Codex Reg. lat. 124, fol. 31v

Codex Vat. Reg. lat. 124, folio 31v (Abb. 50):

## Kreuzgedicht XXIV

*At nunc uos cantate nouum, benedicite Christo,*
*Plebs, cantum, dilecta Deo, sanctissimus ordo,*
*Psallite non aliis uosmet imitabile carmen,*
*Inmortale decus caeleste hoc ante tribunal,*
*Ante quater senos seniores, quattuor atque*
*Diuersae formae ante animalia iure superna.*

„Doch singet nun ein neues Lied, rühmet Christus,
von Gott erwähltes Volk, hochheiliger Orden,
singet ein Lied, unnachahmlich,
eine unsterbliche Zier
vor diesem himmlischen Richterstuhl,
vor viermal sechs Ältesten,
und vor vier
zu recht himmlischen Wesen unterschiedlicher Gestalt".

Im Mittelpunkt der Darstellung des Kreuzgedichtes XXIV steht ein Kreuz, das aus vier Fünfecken gebildet ist, die in ihrer Grundform einem Quadrat mit „flaschenförmigem" Hals gleichen. Die Gesamtform ähnelt verblüffend dem ins 8. Jahrhundert zu datierenden Kreuz von Bischofshofen (s. Kat.-Nr. 12) und belegt so, wie sich Rabanus bei der Gestaltung seiner Figurengedichte – auch – an Formen der (Goldschmiede-)Kunst seiner Zeit orientierte. Jedes der vier Kreuzteile besitzt dieselbe Anzahl von Buchstaben: im Quadrat sind es je 25, im dreieckigen „Hals" je 10 und an der Spitze je ein einzelner Buchstabe. Diese vier Einzelbuchstaben bilden, von oben nach unten bzw. links nach rechts gelesen, das lateinische Wort für Kreuz, *CRUX*. Die Summe aller Buchstaben (4 x 36) ergibt 144 und damit die Zahl, die das Thema dieses Kreuzgedichtes ist. Mit 1000 multipliziert wird sie zu einer der grundlegenden apokalyptischen Zahlen. So steht sie in der Offenbarung des Johannes mehrfach für die Anzahl der Auserwählten, so z. B. neben Apk. 7,5 auch in Apk. 14,1: „Und ich sah, und siehe: ein Lamm stand auf dem Berge Zion und mit ihm hundertvierundvierzigtausend, die seinen Namen und den Namen seines Vaters auf ihren Stirnen geschrieben trugen". Damit ist die Zahl, wie es Rabanus in der beigefügten Prosaerklärung ausdrücklich vermerkt, das Sinnbild aller Erwählten Gottes. Die 144 selbst bezieht sich auf die das am Ende der Tage das Heil verkörpernde Reinheit, die *virginitas*, denn, so Rabanus in der Erläuterung, die im Kreuz durch das Quadrat und das Dreieck verkörperten Zahlen drei und vier ergeben in der Multiplikation ihrer 2ten Potenz (3 x 3 x 4 x 4) 144. Die drei und die vier sind nach der mittelalterlichen Zahlenlehre aber Symbol der Liebe zu Gott aus ganzem Herzen, ganzer Seele und ganzem Verstand bzw. Symbol der Reinheit. Auch die besondere Form der Fünfecke mit der einzelnen quadratischen Buchstabenspitze besitzt eine symbolische Bedeutung, die Rabanus gleichfalls erläutert: sie steht für die Verbindung der Fünf Bücher Mose (Pentateuch) mit den vier Evangelien, die sich im Zeichen des Kreuzes vereinen. Zusammen tragen sie die Heilsbotschaft der am Kreuz vollzogenen Erlösung in die ganze, aus vier kosmischen Teilen bestehende Welt (s. auch Kreuzgedicht VII).

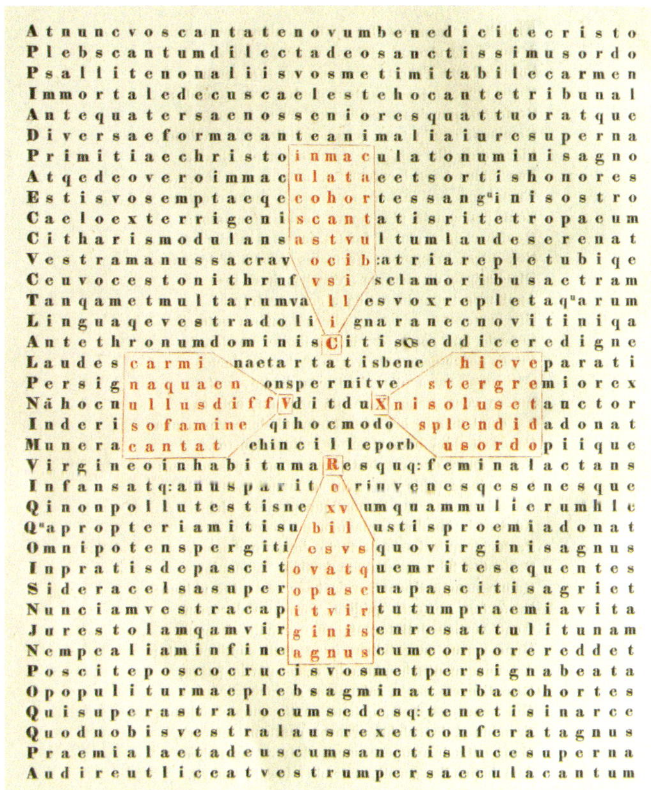

Abb. 51 Umrißschema von Kreuzgedicht XXIV

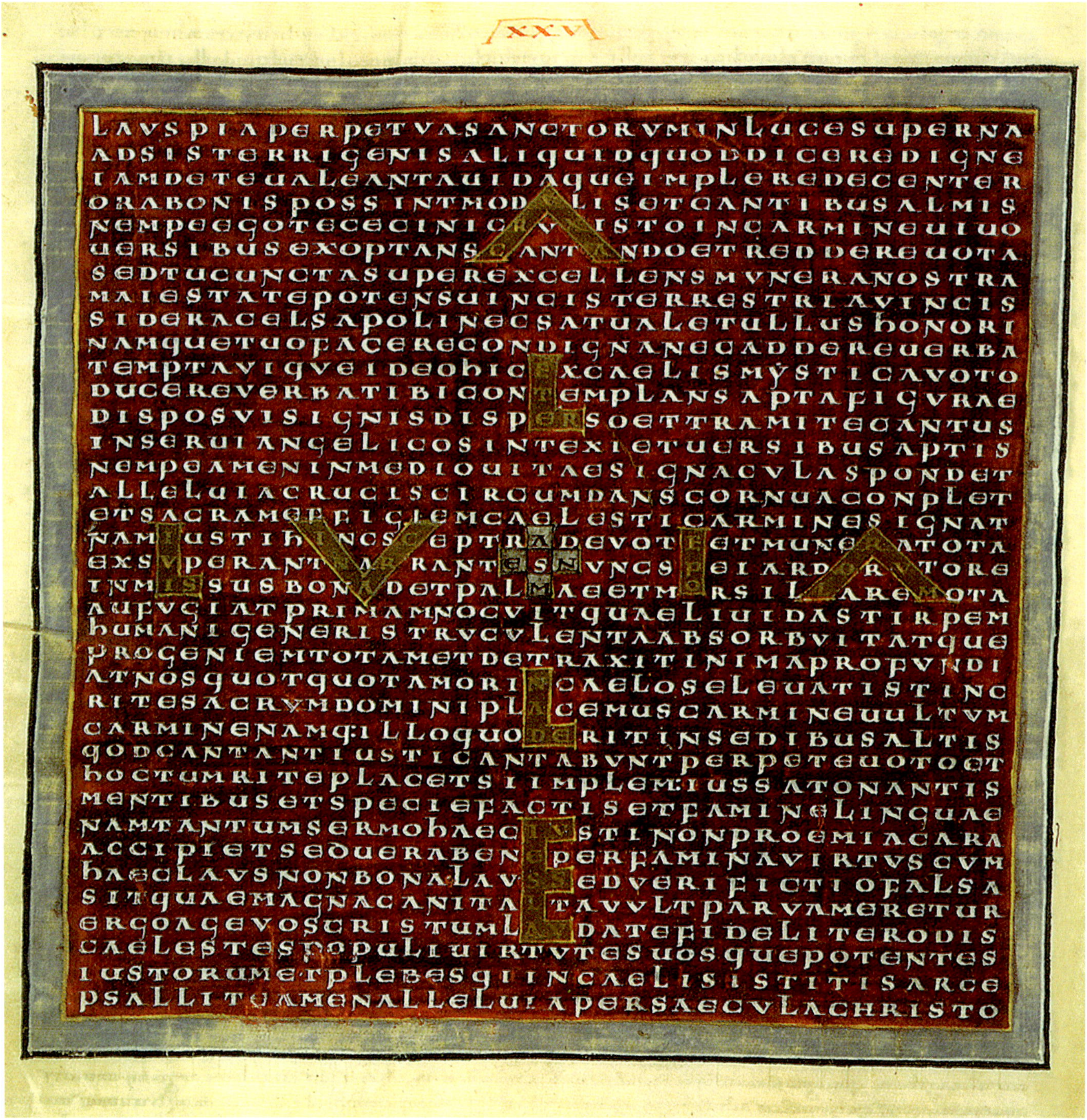


Abb. 52 Kreuzgedicht XXV aus *De laudibus sanctae crucis,* um 825/26, Rom, Biblioteca Apostolica Vaticana, Codex Reg. lat. 124, fol. 32v

Codex Vat. Reg. lat. 124, folio 32v (Abb. 52):

## Kreuzgedicht XXV

*Laus pia perpetua sanctorum in luce superna*
*Adsis terrigenis.*

„Stehe du, frommes Lob der Heiligen
im ewigen himmlischen Licht, den Erdgeborenen bei".

Kreuzgedicht XXV arbeitet mit den kreuzförmig angeordneten Wortfragmenten *AL, LE, LV* und *IA*, die, von oben nach unten und links nach rechts gelesen, die hebräische Lobpreisung (H) ALLELUIA ergeben. Der In-Text dieser acht Großbuchstaben verherrlicht das Kreuz: *Crux aeterna Dei es laus, vivis in arce polorum* („Ewiges Kreuz, du bist das Lob, du lebst in der Himmelsburg"). Dieses Lob des Kreuzes schließt mit dem Wort, das die Einzelbuchstaben ergeben, die in den vier kleinen, kreuzförmig angeordneten Quadraten im Zentrum des Kreuzgedichtes XXV stehen: von oben nach unten und links nach rechts gelesen ergeben sie das Wort *Amen*.
In einer ausführlichen Erklärung beschreibt Rabanus insbesondere unter Heranziehung von Apk. 5,9–14 bzw. 19,1–8 die Bedeutung dieser beiden Jubelwörter als Ausdruck der *ecclesia triumphans*, der Kirche, die über die Auferstehung des Herrn und die Aussicht auf das ewige Leben frohlockt.

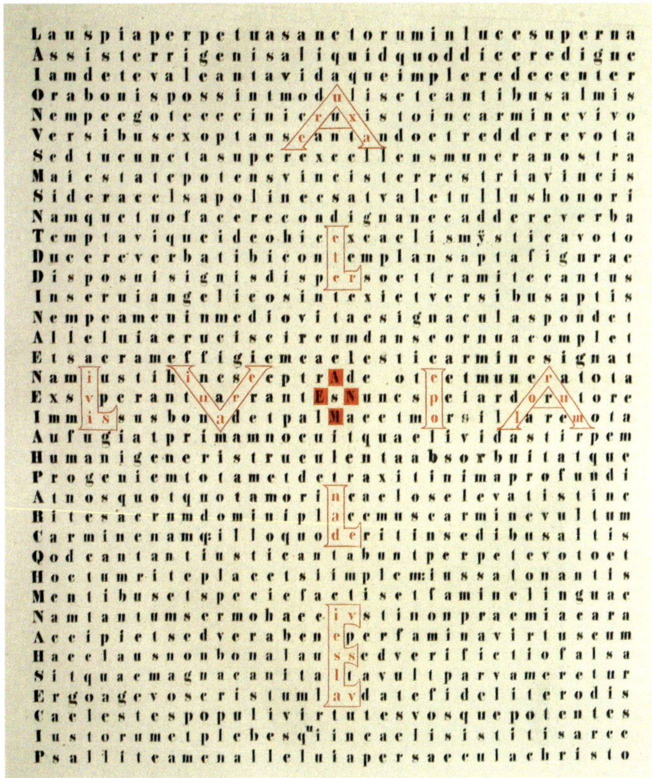

Abb. 53 Umrißschema von Kreuzgedicht XXV

Abb. 54 Kreuzgedicht XXVIII aus *De laudibus sanctae crucis*, um 825/26, Rom, Biblioteca Apostolica Vaticana, Codex Reg. lat. 124, fol. 35v

Codex Vat. Reg. lat. 124, folio 35v (Abb. 54):

## Kreuzgedicht XXVIII

*Omnipotens uirtus, maiestas alta, Sabaoth*
*Excelsus Dominus, uirtutum summe creator,*
*Formator mundi hominum tu uere Redemptor,*
*Tu mea laus, uirtus, tu gloria cuncta, salusque,*
*Tu rex, tu doctor, tu es rector, care magister,*
*Tu pastor pascens, protector uerus ouilis.*

„Allmächtige Kraft, hohe Majestät, erhabener Herr der Heerscharen, höchster Schöpfer der Tugenden,
du, der du die Welt gebildet hast,
du wahrhaft Erlöser der Menschen,
dir gilt mein Lob, du bist die Macht,
du alle Herrlichkeit und alles Heil,
du der König, der Lehrer, du Lenker und Meister,
welcher mir teuer,
du der Hirte, der uns auf die Weide führt,
der wahre Schützer der Herde".

Ganz bewußt hat Rabanus insgesamt 28 Kreuzgedichte, keins mehr, keins weniger für den Grundbestand von *De laudibus* ausgewählt. Und es ist auch kein Zufall, daß er sich gerade in diesem 28sten Gedicht selbst zu Füßen des Kreuzes abbildet: schließlich gilt gerade die Zahl 28 seit Augustinus und Isidor von Sevilla als der *numerus perfectus*, die vollkommene Zahl. Nur bei ihr ist die mathematische Möglichkeit gegeben, daß die Summe der möglichen Divisoren dieser Zahl (1, 2, 4, 7 und 14) wiederum 28 ergibt. Wie keine andere steht die 28 daher auch für den *homo perfectus*, für Christus selbst. Es ist deshalb gerade in diesem Gedicht nicht notwendig, den Gekreuzigten körperlich am Kreuz darzustellen: an die Stelle eines zweidimensionalen Abbildes tritt das übergeordnete numerische Zeichen, das in seiner Abstraktion wie kein anderes Symbol geeignet ist, auf die Göttlichkeit Christi und damit auf die Hoffnung auf Erlösung zu verweisen.

Der tonsurierte und in die schwarze Mönchskutte über weißer Albe gekleidete Rabanus kniet zu Füßen des Kreuzes. Daß mit dem Knieenden Rabanus selbst gemeint ist, geht klar aus dem Gebet hervor, das dem Körper des Mönches einbeschrieben ist: „Ich bitte dich, o milder Christus, sei mir, Raban, liebevoll Schutz im (Jüngsten) Gericht" *(Rabanum memet clemens rogo Christe, tuere o pie iudicio)*. Zur Sicherheit wiederholt Rabanus dies in der schriftlichen Auslegung auf der gegenüberliegenden Seite: „Meine Gestalt, die ich unter dem Kreuz gebeugt beim Gebet dargestellt habe" *(Imago vero mea quam subter crucem flectentem et orantem depinxeram)*. Ein in der Form besonders kunstvoller Vers mit einer Fülle an Symbolgehalt ziert sowohl senkrecht als auch waagerecht das schlicht gehaltene Kreuz ohne sonstige Verzierung: *Oro te ramus aram ara sumar et oro* („O Baum, ich bitte dich, der du Hoffnung und Altar bist, ich bitte dich: zieh mich von hier hinauf auf den Altar"). Es handelt sich hierbei um ein sogenanntes *Palindrom*, also ein Wort bzw. in diesem Fall einen Vers, der, bei gleicher Bedeutung, sowohl vorwärts als auch rückwärts gelesen werden kann. Das zentrale *m* im Schnittpunkt der

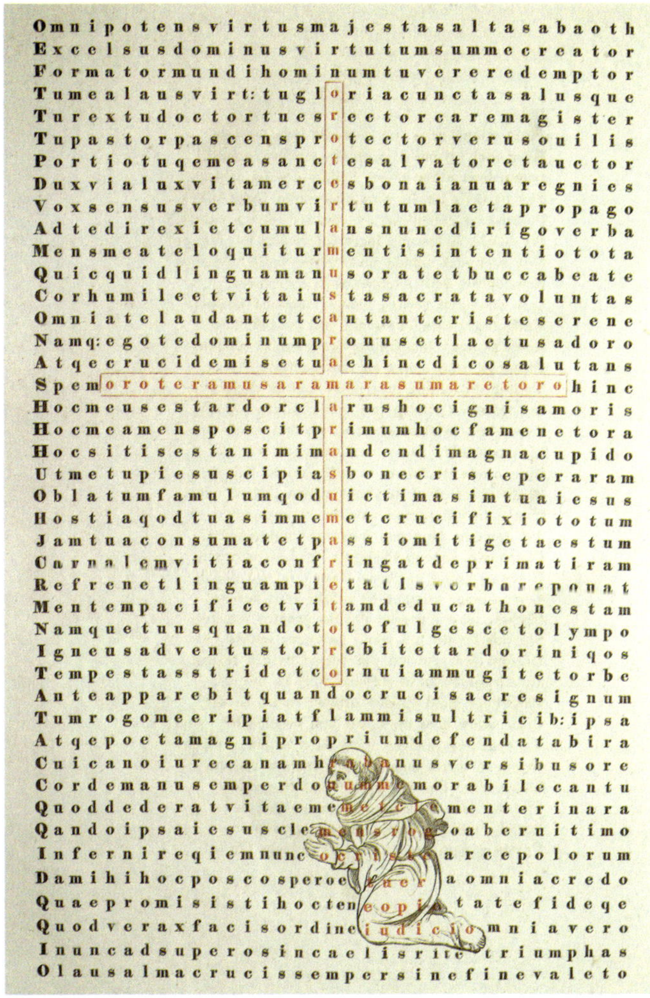


Abb. 55 Umrißschema von Kreuzgedicht XXVIII

Kreuzbalken trennt die vier Arme des Kreuzes, deren Anfangs- und Endpunkt jeweils von den Buchstaben *A* und *O* eingenommen wird, Alpha und Omega, die, zusammen mit dem *m* für den Anfang, die Mitte und das Ende von Zeit und Raum stehen. Am Ende von Zeit und Raum steht mit der Wiederkehr Christi aber auch das Jüngste Gericht; ihm unterwirft sich Rabanus in der Hoffnung auf die Auferstehung. Die Verse von Kreuzgedicht XXVIII drücken diese Hoffnung eindringlich aus. Wegen ihrer besonderen Bedeutung, auch für die Intention, mit der Rabanus *De laudibus* verfaßte, seien sie hier vollständig in einer Übersetzung von Frau Dr. habil Stephanie Haarländer, Mainz, wiedergegeben:

„Und du bist mein Anteil, heiliger Erlöser, von dir hat alles den Ursprung.
Du Wegweiser und Weg, Licht und Leben,
der rechte Lohn, die Pforte des [himmlischen] Reiches,
die Stimme, die Wahrnehmung, das Wort,
die glückliche Frucht der Tugenden.
An dich hab ich meine Worte gerichtet,
nun tu ich es wieder in größerer Fülle.
Mein Geist spricht von dir, ganz auf dich ausgerichtet,
Alles, was froh ist, betet zu dir,
die Zunge, die Hand, der Mund,
das demütige Herz, das rechte Leben,
der Wille, der sich dir geweiht hat,
alles lobt dich und singt dir, Christus,
voll [himmlischem] Glanz.
Denn ich bete dich an, Herr, neige mich in Freude,
lasse mich nieder an deinem Kreuz,
grüße dich und sag dir:
O Baum, ich bitte dich, der du Hoffnung und Altar bist:
zieh mich von hier hinauf auf den Altar.
das ist mein hell brennendes Verlangen,
das Feuer meiner Liebe,
das der erste Wunsch meines Geistes,
meines Sprechens, meines Mundes,
das der Durst meiner Seele, ihr großer Hunger,
daß du mich liebevoll annimmst, gütiger Christus,
als deinen Diener, der auf deinem Altar sich hingibt,
daß ich deine Opfergabe sei, Jesus,
daß ich dein Opfer sei, und daß mich dein Kreuzestod ganz aufzehre und dein Leiden das heftige Aufwallen meines Fleisches besänftige,
meine Untugenden zerbreche, den Zorn niederhalte,
die Zunge zügele, ihr wieder Worte der Güte eingebe,
meinen Geist friedlich mache und mich zu einem rechtschaffenen Leben führe.
Denn wenn deine feurige Ankunft am ganzen Himmel wie ein Blitz aufleuchten
und dein Brennen die Bösen aufzehren wird,
dein Sturm tosen und das Horn dröhnen
und noch ehe vor aller Welt am Himmel das Zeichen des Kreuzes erscheinen wird,
dann, so bitte ich, möge es [d.h. das Kreuz], dem ich singe, den rächenden Flammen entreißen und den Dichter, der ihm gehört, vor dem Zorn des Lammes schützen; zu Recht will ich, Rabanus,
in Versen mit Mund, Herz und Hand das Geschenk besingen, das des Gedenkens und Besingens würdig ist,
das Geschenk des Lebens nämlich, das Jesus voll Milde auf dem Altar [des Kreuzes] gegeben hat, als er mich auf ihm [oder auch: durch das Kreuz] aus dem tiefsten Höllenfeuer herausriß. Gib mir dann, o Christus, die Ruhe in der himmlischen Stadt.
Das erbitte ich, das erhoffe ich, und ich glaube,
daß das alles wahr ist, was du verheißen hast,
das halte ich in tiefem Glauben fest,
daß du, der du der Wahrhaftige bist,
mit deinem Gericht alles in die wahre Ordnung bringst.
Steige nun hinauf zur Höhe,
der du zu Recht im Himmel triumphierst.
O segenspendendes Lob des Kreuzes, immer und ohne Ende, leb wohl!“

Codex Vat. Reg. lat. 124, folio 4v (Abb. 56):

## Lobgedicht auf Kaiser Ludwig den Frommen

*Rex regum, Dominus, mundum dicione gubernans*
*Imperii, ac sceptrum regnans qui iure perenni*
*Inmortale tenes, cum crimina multa parentum*
*Laxasti in cruce, iustitiae cum frena locaras.*

„König der Könige, Herr, der Du die Welt
mit der herrschaftlichen Gewalt des Kaisers regierst,
und der Du als König das unsterbliche Szepter
durch unaufhörliches Recht hältst,
seit Du die vielen Verbrechen der Eltern
am Kreuz gesühnt hast,
seit Du der Gerechtigkeit ein festes Band zugemessen hast".

Das Lobgedicht zu Ehren von Kaiser Ludwig dem Frommen (814–840), Sohn und Nachfolger Karls des Großen, gehört nicht zum ursprünglichen Bestand des Zyklus.

Deshalb wird es in dieser Publikation erst am Ende der Reihe vorgestellt, obwohl es innerhalb der Handschrift den ursprünglichen Gedichten vorangestellt ist. Rabanus schrieb dieses Lobgedicht auf *Christus rex* und den von Gott eingesetzten Kaiser wohl erst um 830/31 und stellte es zuerst jenem Exemplar von *De laudibus* voran, das er um 831 nachweislich dem Kaiser überreichen ließ (heute Paris, Bibliothèque Nationale, ms. lat. 2423). In der dem eigentlichen Bildgedicht auf der gegenüberliegenden Seite beigegebenen Erläuterung spricht er den Kaiser direkt an und widmet ihm sein „Büchlein, welches ich zu Ehren des Heiligen Kreuzes vor kurzem in Prosa und Metrum verfaßt habe, opfere ich auf Knieen Deiner Geneigtheit, daß Du, der Du durch den Schild des Glaubens, den Brustpanzer der Gerechtigkeit und den Helm des Heiles geziert bist, uns, die wir unter Deiner Verteidigung Christus den Heeresdienst leisten, würdig erachtest zu festigen und auch zur Vermehrung Deiner Verdienste zum Hafen des ewigen Heiles durch die Hilfe Christi gelangen zu lassen".

Die Datierung des Gedichtes ergibt sich aus einer Passage des Basistextes, wo es heißt: „Siehe, die Königreiche der Griechen geben für alle Zeit Geschenke, auch Persien gibt und seine Nachkommenschaft wirbt weithin um Gunst". *(En regna Graium omne per aeuum munera donant, et Persa dat sicque eius sobolis latus ambit).* Rabanus nimmt damit Bezug auf eine persische Gesandtschaft, die 831 den Hof Ludwigs aufsuchte. Dem Codex Vat. Reg. lat. 124 wurde das kaiserliche Figurengedicht erst nach 847, zusammen mit den folios 2–5 beigebunden. Die Gründe hierfür sind sicher vielfältig. Zum einen betrachtete Rabanus dieses in Form und Inhalt vollendete Gedicht mittlerweile als festen Bestandteil des Zyklus. Zum anderen spiegelt es seine politische Grundeinstellung wider, die sich auch nach dem Regierungsantritt von Ludwig dem Deutschen, dem Sohn Ludwigs des Frommen, nicht verändert hatte. Entstanden war das Gedicht in politisch bewegter Zeit. Im Jahre 829 hatte Ludwig der Fromme für seinen Sohn aus zweiter Ehe, Karl den Kahlen, auf Kosten seiner erstgeborenen Söhne Lothar, Pippin und Ludwig (der spätere „Deutsche") das Teilreich Alamannien geschaffen. 830 kommt es deshalb zur Empörung der Söhne aus erster Ehe.

Kern des Gedichtes ist zunächst die Rolle des Kaisers als Beschützer und Förderer des christlichen Glaubens. Gleichzeitig wird aber auch der grundsätzliche Führungsanspruch eines Kaisers (Ludwig) betont, der nach schweren äußeren und inneren Kämpfen (dem Aufstand seiner Söhne gegen den Vater) seine gottgewollte Rolle als rechtmäßiger Herrscher des Volkes zu behaupten weiß. Dieses Herrschaftsverständnis war die Richtschnur für das Handeln von Rabanus als Abt und als Erzbischof. Einem durch Rebellion an die Macht Gekommenen mußte er, da dessen Herrschaft nicht dem göttlichen Willen entsprechen konnte, seine Anerkennung verweigern – lieber trat Rabanus von seinem Amt zurück (s. S. 17). Einem rechtmäßigen Herrscher wie Ludwig dem Frommen hingegen diente er loyal und bekämpfte dessen Feinde mit Worten. Nicht zufällig verfaßte Rabanus für Ludwig die gegen dessen rebellische Söhne gerichtete Schrift *De reverentia erga parentes*, die die in den Zehn Geboten geäußerte Pflicht der Kinder gegenüber ihren Eltern betont.

Sowohl in der speziellen Textsorte (Kaiserlob) als auch in der Art der Darstellung des Herrschers als Triumphator mit Kreuz lehnt sich Rabanus an spätantike Vorbilder, vor allem der konstantinischen Zeit, an. Der reiche In-Text innerhalb der Kontur des Kaisers verherrlicht Ludwig in ähnlicher Weise wie es bereits im 4. Jahrhundert Porfyrius mit Kaiser Konstantin tat (s. S. 43). So heißt es vom Kopf bis zu den Füßen:

Abb. 56 Kreuzgedicht auf Kaiser Ludwig den Frommen aus *De laudibus sanctae crucis,* um 825/26, Rom, Biblioteca Apostolica Vaticana, Codex Reg. lat. 124, fol. 4v

*Iesu Criste, tuum vertice signum*
*Augusto galeam conferat almam*
*Invictam et faciat optima dextram*
*Uirtus, Iesu, tua detque triumphum*
*Iusto, iustitiae induat atque*
*Lorica, placitum semper amicum*
*Quam nullus iaculo proterat hostis.*
*Sed firmum maneat Caesaris omne*
*Ac tutum imperium omne per aevum.*
*Sicque eius sobolis laeta propago*
*Succedens maneat sceptra tenendo,*
*Donec saecla sua iura tenebunt,*
*Et terrae solidus permanet orbis,*
*Cristi, dum memoret nomen ubique,*
*Et verbum Domini praedicet ultro.*

„Jesus Christus, dein Zeichen
verleihe dem Haupt des Kaisers den erhabenen Helm,
und deine herrliche Wunderkraft
mache seine Rechte unbesiegbar;
sie gebe dem Gerechten den Triumph der Gerechtigkeit
und bekleide den Freund,
dem meine stete Zuneigung gehört, mit dem Panzer,
den kein Feind mit seinem Geschoß durchbrechen soll.
Sondern die ganze Herrschaft des Kaisers
soll durch alle Zeit fest und sicher stehen,
und so soll das frohe Geschlecht seiner Nachkommenschaft,
wenn es ihm nachfolgt,
im Besitz der Herrschaft bleiben,
solange die Welt Bestand hat und der
Erdkreis seine Festigkeit bewahrt,
wenn er überall des Namens Christi eingedenk ist
und willig das Wort des Herrn verkündet“.

Während der In-Text des Nimbus bittet: *Tu Hludovvicum Criste corona* („Du, Christus, kröne Ludwig“), verkünden die von links nach rechts und oben nach unten zu lesenden Verse des Kreuzstabes in Ludwigs Hand (s. Abb. 13) den Triumph des Kreuzes: *In cruce, Christe, tua, victoria vera salusque, omnia rite regis* („In deinem Kreuz, Christus, ist der wahre Sieg und das Heil; du regierst alles in rechter Ordnung“). Der In-Text des Schildes beschwört das Vertrauen in die Kraft des Glaubens: *Nam scutum fidei depellit tela nefanda, protegit Augustum clara tropaea parans, devotum pectus divino munere fretum inlaesum semper castra inimica fugat.* („Denn der Schild des Glaubens wehrt die Geschosse der Ruchlosen ab, er schützt den Kaiser und verleiht ihm herrlichen Sieg; das fromme Herz, das im Vertrauen auf das göttliche Geschenk unversehrt bleibt, triumphiert immer über das Lager der Feinde“).

Ludwig, dem Rabanus Zeit seines Lebens eng verbunden war, wird damit als der ideale christliche Herrscher, als *miles christianus* charakterisiert, der im Zeichen des Kreuzes die Feinde des Glaubens erfolgreich bekämpft. Mit dieser in dem Gedicht definierten Stellung des Kaisers als gottgewollter und deshalb rechtmäßiger Herrscher bezieht Rabanus Stellung im Machtkampf zwischen Ludwig und seinen aufrührerischen Söhnen.

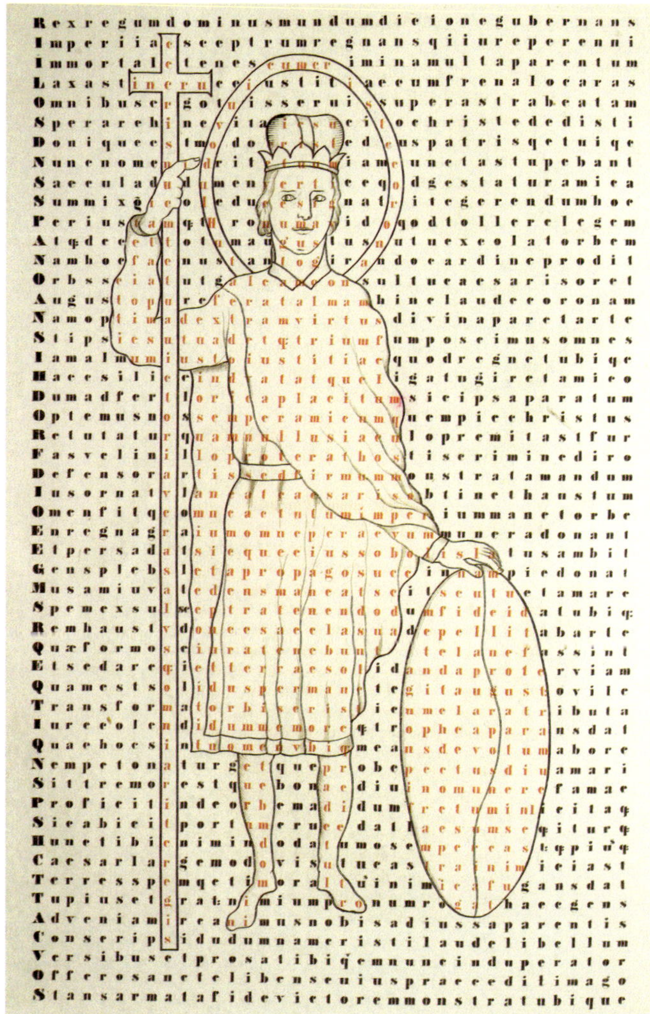

Abb. 57 Umrißschema vom Lobgedicht auf Kaiser Ludwig den Frommen

## Weiterführende Literatur:

Übergreifende Darstellungen zu den Kreuzgedichten aus *De laudibus*:

Die Einzelinterpretation der Figurengedichte von *De laudibus* setzt bereits im 19. Jahrhundert ein. Von Schlosser 1892 stellt auf S. 13–19 jedes einzelne Figurengedicht kurz vor, indem er anhand einer Umzeichnung mit wenigen Sätzen Basis- und In-Text analysiert und die Zahl herausarbeitet, die im Zentrum der Betrachtung steht, ebenso Holter 1973, S. 15–18 anhand der Miniaturen des Wiener *Laudibus*. – Weitere übergreifende Interpretationen zu der von Rabanus verwandten Zahlensymbolik finden sich bei Rathofer 1962 sowie, in Auseinandersetzung mit Rathofer, bei Taeger 1970, bes. S. 3–86. – Hinzu kommen Klingenberg 1968, Ernst 1983/84 und Reudenbach 1986. – Die umfassendste und für den deutschen Leser am leichtesten zugängliche Interpretation aller 28 Figurengedichte findet sich bei Ernst 1991, bes. S. 226–304 (grundlegend). – Für den des Italienischen mächtigen Leser wird eigens auf Ferrari 1999 hingewiesen, der sich gleichfalls den einzelnen Miniaturen widmet. – Der an der mittelalterlichen Zahlensymbolik grundsätzlich interessierte Leser sei auch auf das Lexikon der mittelalterlichen Zahlenbedeutungen von Meyer/Suntrup 1987 aufmerksam gemacht, das nicht nur die rabanische Zahlensymbolik von *De laudibus* vollständig in sich aufnimmt, sondern auch weitere Zahlen und andere Autoren bespricht. Weitere Literatur ist dem Forschungsbericht von Ferrari 1996, S. 517f zu entnehmen.

Zu einzelnen Kreuzgedichten:

Perrin hat in mehreren französischsprachigen Aufsätzen immer wieder einzelne Kreuzgedichte behandelt und hieraus grundlegende Erkenntnisse zum Aufbau der Gedichte gewonnen, so 1989a zu Kreuzgedicht I, 1992a zum Lobgedicht auf Kaiser Ludwig den Frommen sowie zu den Kreuzgedichten XI und XIII, 1992b zu den Kreuzgedichten XIV und XXVIII und 1993 zu Kreuzgedicht XXII. – Auch bei anderen Forschern ist Kreuzgedicht I Gegenstand einer umfassenden Einzelinterpretation geworden, s. hier neben Reudenbach 1986, insbesondere S. 26f vor allem Becht-Jördens 1996, insbesondere S. 336–342. – Zu Figurengedicht XXVIII und zur „28“ als *numerus perfectus* s. Klingenberg 1968, insbesondere S. 281–300 sowie Taeger 1970, bes. S. 55–57 bzw. 216–222. – Zum Lobgedicht auf Kaiser Ludwig den Frommen s. vor allem Schramm 1983, S. 46ff sowie, grundlegend, Sears 1990, die auf S. 620ff die politische Komponente der Miniatur herausarbeitet. – Zur Frage der Einordnung von Rabans Figurengedichten in die Tradition des Figurengedichtes s. die beiden Arbeiten von Polara 1987/88 sowie 1994; hinzu kommt die weiterführende Literatur des Forschungsberichtes von Ferrari 1996, S. 507–517. – Zum Verhältnis von Text und Bild s. grundsätzlich Ernst 1986 sowie die beiden Arbeiten von Reudenbach 1984 bzw. 1986. Für den des Italienischen mächtigen Leser sei auch auf die verschiedenen Arbeiten von Pozzi (1976, 1981, 1984 und 1986) hingewiesen.

# KATALOGTEIL

## 1
## Rabanus Maurus als Lehrer

Adam Winter, 1952
Ton
H. 250 cm; B. 126 cm; T. 93 cm
Rauminstallation: Hans-Jürgen Kotzur, 2005

Bistum Mainz

Der auch überregional bekannte Bildhauer Adam Winter aus Mainz-Kastel schuf im Jahre 1952 die auf Seite 85 gezeigte Figur. Wie für sein Schaffen üblich, verwendete er auch für dieses Werk das Material Ton, das in der Kunst der 50er Jahre wegen seiner Erdverbundenheit besonders beliebt war. Die Skulptur ist aus insgesamt elf hohlen Tonblöcken gearbeitet, die in Trockenbauweise aufeinandergesetzt sind. Die Bauplastik, ehemals angebracht am Haus des Rabanus-Maurus-Kinderhortes in der Mainzer Wilhelmiterstraße, wurde für diese Ausstellung zum Mittelpunkt einer Rauminstallation. Die für einen Standort in mehreren Metern Höhe konzipierte Figur ist nun in den direkten Wahrnehmungsraum des Betrachters gerückt und eröffnet eine neue Perspektive.

Skulpturale Darstellungen des Rabanus sind vergleichsweise selten. Dies hängt wahrscheinlich damit zusammen, daß lediglich die Diözesen seines ursprünglichen Wirkens, d. h. Fulda, Mainz und das im 19. Jahrhundert entstandene Bistum Limburg, das heute den Rheingau betreut, Rabanus in den Kreis ihrer Bistumsheiligen aufgenommen haben. Mit Ausnahme der erst im Zuge der Vorbereitungen für diese Ausstellung als Rabanusdarstellung erkannten frühgotischen Figur (s. Kat.-Nr. 2) konnte bislang nur eine einzige Skulptur aus dem Mittelalter namhaft gemacht werden (15. Jahrhundert, Pfarrkirche in Winkel), die ihn als sitzenden Erzbischof in Pontifikalgewändern mit Stab und geschlossenem Buch zeigt. Im Barock und im 19. Jahrhundert hingegen wird Rabanus häufiger zum Thema skulpturaler Darstellungen, vor allem in Fulda und Umgebung. Auch hier sind ihm in aller Regel zur Kennzeichnung seines Standes die erzbischöflichen Insignien beigegeben.

Von diesen konventionellen Darstellungen löst sich Adam Winter ganz und entwickelt eine eigene Ikonographie. Er stellt Rabanus nicht als Erzbischof, sondern als Mönch dar. Rabanus trägt in seiner Hand eine Tafel, auf der der Titel seines bekanntesten Hymnus, *Veni creator spiritus* eingetragen ist (s. hierzu Kat.-Nr. 7). Für Adam Winter ist Rabanus aber nicht in erster Linie der Musiker, auch nicht der Abt oder der Erzbischof: Winter begreift ihn vielmehr als Lehrer, angelehnt an den seit dem 19. Jahrhundert populären Ehrentitel des Rabanus *Praeceptor Germaniae* („Lehrer der Deutschen"). Von diesem Titel ausgehend interpretiert Winter die Skulptur nicht als Versinnbildlichung eines historischen Augenblicks, etwa wie Rabanus als *magister* im Kreis der klösterlichen Novizen und Mitbrüder unterrichtet. Hier ist vielmehr der überzeitliche Lehrer aller Deutschen, also auch der Kinder und Laien gemeint, worauf insbesondere die Figur des Mädchens rechts verweist. In der Rauminstallation fällt sein Blick auf eine Stele mit Würdigungen seines Werks aus verschiedenen Epochen. Die Sichtweisen änderten sich und gerade in ihrer Unterschiedlichkeit laden sie den Besucher ein, sich selbst auf eine Spurensuche zu begeben.

Lit.: AK Mainz 1980, S. 50. Zum Ehrentitel des *Praeceptor Germaniae* s. Kottje 1975

Winfried Wilhelmy

Abb. 58 Rabanus Maurus als Lehrer, 1952

## 2
## Rabanus Maurus als Erzbischof

Um 1260/70
Sandstein
H. 166 cm; B. 52 cm; T. 34 cm

Mainz, Bischöfliches Dom- und Diözesanmuseum

Die stehende Figur (Abb. 59) ist durch ihre klerikale Gewandung sowie die Mitra als die Darstellung eines (Erz-)Bischofs ausgewiesen. In ihren mit Pontifikalhandschuhen besetzten Händen hält sie ein geschlossenes Buch. Der Zustand der Figur ist schlecht. Der Sandstein ist stark abgewittert; dies mindert die einstmals hohe Qualität der Skulptur ebenso wie eine barocke Überarbeitung, die – mit Ausnahme des Kopfes – insbesondere die Vorderseite sowie den seitlichen Schulterbereich betrifft. Dennoch ist das besondere individuelle Merkmal der Figur noch gut erkennbar: die fast negroid wirkenden Gesichtszüge (s. Abb. von S. 2).

In der Forschung hat die Skulptur bislang wenig Beachtung gefunden. Sie wurde zwar hin und wieder als Teil des vom Naumburger Meister und seiner Werkstatt errichteten Westlettners des Mainzer Domes betrachtet. Da der Lettner aber mit der Weihe des Westchors des Domes um 1239 datiert wird, die Figur aus stilistischen Gründen aber erst eine Generation später, um 1260/70 entstanden sein kann, hielt man sie hypothetisch für eine später hinzugefügte Lettnerergänzung. Eine detaillierte Untersuchung oder gar eine inhaltliche Deutung der Figur blieb bislang aber aus. Erst im Zuge der Vorbereitungen zu dieser Ausstellung wurde sie vom Direktor des Dommuseums, Dr. Hans-Jürgen Kotzur, einer erneuten Betrachtung unterzogen, die als interessante Hypothese im folgenden referiert sei. Demnach hätten wir mit dieser Figur die älteste dreidimensionale Darstellung des Rabanus vor uns!

Wie die schriftlichen Quellen der Barockzeit überliefern, befanden sich vor dem Abriß des Lettners 1680/83 im Westchor vor dem Annenaltar an der Nordseite der Vierung die Darstellungen von sieben (Erz-)Bischöfen, die in der Frühzeit des Bistums regierten. Wie aus den Akten der Domkapitelsitzung vom 17. März 1687 hervorgeht, wurden diese Statuen nach dem Abriß nicht „entsorgt", sondern vom Domdechanten Christoph Rudolph von Stadion erbeten und pietätvoll in der neuerbauten Kapelle auf dem Albansberg aufgestellt. Hier verliert sich ihre Spur. Um welche Erzbischöfe es sich handelte ist nicht überliefert. Anstelle von Namen sollen die Statuen direkt oder indirekt, z. B. durch eine Tafel in der Nähe, von Inschriften begleitet gewesen sein. Sie wiesen den Figuren bestimmte Eigenschaften zu und zwar „Recht, Güte, Ende des Kampfes, vornehmer Stand, Sproß der Ehrbarkeit, Ertrag der Werke, Vorbild der Frömmigkeit, Kraft des Glaubens und Liebe zum Göttlichen" *(ius, mansuetudo, pugnae finis, bonus ordo, germen honestatis, operum fructus, pietatis exemplum, fidei virtus et amor Deitatis)*. Diese neun Eigenschaften stehen beispielhaft für besondere Charakterzüge oder persönliche Tugenden und individualisieren hierdurch jene sieben Bischöfe.

Da der Lettner insgesamt ein die historische Bedeutung des Mainzer Erzbistums hervorhebendes ikonographisches Programm besaß, so müssen sich unter diesen Bischöfen die kirchenpolitisch wichtigsten Inhaber der *sedes Moguntiae* befunden haben. Bonifatius und Willigis sind deshalb zwingend, aber auch eine Darstellung des Rabanus muß sich unter ihnen befunden haben. Auch im 13. Jahrhundert galt er als einer der größten Gelehrten des Frankenreiches und gereichte damit zur besonderen Zierde des Mainzer Stuhles. Bei den sieben Bischofsfiguren vermutete Arens, in chronologischer Reihenfolge, folgende Personen: Crescenz, Alban, Bonifatius, Lullus, Rabanus Maurus, Willigis und Bardo. Faßt man die ersten und die letzten beiden Eigenschaften zusammen und ordnet sie Crescenz bzw. Bardo zu, so würde die fünfte Charakterisierung, *operum fructus*, Rabanus zuzuschreiben sein. Auch ungeachtet dieser starren chronologischen Zuordnung würde dieser „Ertrag der Werke" die Lebensleistung des Rabanus sehr gut charakterisieren.

Könnte es sich bei dieser Figur auch jenseits der oben angestellten historischen Überlegungen um eine solche Rabanusdarstellung handeln oder sprechen ikonographische Gründe dagegen? Aufgrund der regional begrenzten Verehrung des Rabanus hat sich im Mittelalter, wenn man von den Miniaturen in *De laudibus* absieht, keine spezifische Rabanus-Ikonographie entwickelt, schon gar nicht im Bereich der dreidimensionalen Darstellung. Ein Bildhauer, der mit der Gestaltung einer Rabanusskulptur beauftragt war, wird deshalb zunächst in nicht geringer Verlegenheit gewesen sein. Die Aufgabenstellung „Erzbischof" bedingte die Pontifikalien und das Attribut des Buches ergab sich bei einem solch großen Gelehrten von selbst. Allerdings waren diese Merkmale allein noch nicht sehr aussagekräftig, da das Buch als Erkennungszeichen auch zahlreichen anderen bischöflichen Heiligen beigegeben wurde.

In der deutschen Kunst der ersten Hälfte des 13. Jahrhunderts sollte es allerdings in Magdeburg zu einer anderen Heiligendarstellung kommen, die einen „Namensvetter" zum Thema hat: den hl. Mauritius. Auch sein Name basiert auf dem Wortstamm *maurus*, was soviel wie schwarz und im übertragenen Sinne negroid bedeutet. Unser deutsches „Mohr" zeugt noch heute von diesem Wortsinn. Jener Mauritius, ein Soldat der sogenannten Thebäischen Legion, wurde ebenfalls mit negroiden Zügen ausgestattet. In unserem Fall kann es sich aber nicht um einen Mauritius handeln, da hier ein Erzbischof und kein Soldat dargestellt ist. Die mittelalterliche Interpretation des Namens Maurus und der damit verbundene spezielle negroide Bildtyp unterstützt somit den Vorschlag, den hier gezeigten Erzbischof als Rabanus Maurus zu interpretieren.

Lit: Arens 1958a, S. 27, Nr. 21; Peschlow-Kondermann 1972, S. 27ff

Winfried Wilhelmy

Abb. 59 Rabanus Maurus als Erzbischof, um 1260/70

3
## Chorschrankenplatte

9. Jahrhundert
Sandstein
H. 94 cm; B. 35,5 cm; T. 17 cm

Mainz, Bischöfliches Dom- und Diözesanmuseum

Als Rabanus Maurus im Jahre 847 den erzbischöflichen Stuhl von Mainz bestieg und von Fulda an den Rhein zog, traf er auf eine wirtschaftlich blühende Stadt. Hier, in der Stadt des Reiches – *civitas publica* wird Mainz in den Quellen genannt –, ließ einst Karl der Große seine Denare prägen, hier hielt der Vertreter des Kaisers, der Graf des Wormsgaues, Gericht, hier trieben Friesen und andere Stämme einen regen Handel. Auch die vom Erzbischof eigens bestellten „Kaufleute des hl. Martin", die sogenannten *homines ecclesiae*, werden aus dem Handel mit Wein, Getreide, Tuch und Pelzwerk, aber auch mit Luxusgütern wie Weihrauch und Gewürzen ihren Gewinn gezogen haben.

Kirchen und Klöster prägten das Stadtbild, allen voran der um 790 begonnene Neubau des von Karl dem Großen geförderten Reichsklosters St. Alban (s. Abb. 5). Fastrada, die dritte Frau des Kaisers, wurde hier begraben. Die im Süden vor den Toren der Stadt gelegene Abtei war ein wichtiger Teil des Geisteslebens im Reich und dürfte durch ihre hervorragende Bibliothek auch für Rabanus Maurus ein Ort von besonderer Bedeutung gewesen sein. Da die Bauten des Klosters aber im 16. Jahrhundert weitgehend zerstört wurden, wissen wir über bauliche Einzelheiten wenig.

Reste karolingischer Bauzier sind im Bereich der Johanniskirche sowie des heutigen Domes auf uns gekommen, darunter auch das hier gezeigte Fragment einer Chorschrankenplatte (Abb. 60). Wo und in welchem größeren Bauzusammenhang diese Schmuckplatte einst gehörte, ist aber ebenso unbekannt wie ihr genauer Fundort.

Lit.: Arens 1958b

Winfried Wilhelmy

Abb. 60 Chorschrankenplatte, 9. Jahrhundert

4

## Rabanus Maurus
### *De laudibus sanctae crucis*

Original: vielleicht Mainz, dann nach 847
Wien, Österreichische Nationalbibliothek, Codex Vindobonensis 652

Faksimile: 41 Seiten, H. 41 cm; B. 31 cm

Mainz, Bischöfliches Dom- und Diözesanmuseum

Unter den sechs zu Lebzeiten des Rabanus entstandenen und heute noch erhaltenen Abschriften von *De laudibus* darf der Codex Vat. Reg. lat. 124 mit Recht die bedeutendste genannt werden. Dies liegt nicht nur daran, daß diese Handschrift mit einer Datierung um 826 die frühste aller erhaltenen Fassungen ist; auch ihre besonders hochwertige Ausstattung und die herausragende Qualität ihrer Miniaturen sichert ihr den gebührenden ersten Rang. Dennoch ist der hier im Faksimile gezeigte Codex Vindobonensis 652 vor allem in Deutschland die bekanntere Fassung der karolingischen Abschriften von *De laudibus.* Seine Miniaturen sind weitaus öfter reproduziert und darüber hinaus gibt es seit 1973 von ihm das hier ausgestellte Faksimile. Vor allem aber war der Codex in der Mitte des 20. Jahrhunderts mehrfach auf bedeutenden Mittelalterausstellungen zu sehen, so 1956 in Essen (Werdendes Abendland an Rhein und Ruhr) oder 1965 in Aachen (Karl der Große). Auch für diese Ausstellung wurde ein Leihgesuch an die Österreichische Nationalbibliothek gerichtet; beide Exemplare einmal nebeneinander vergleichen zu können, wäre ein fürwahr einmaliges Ereignis gewesen. Da der Vindobonensis im Vergleich zum vatikanischen Codex jedoch in einem erheblich schlechteren Zustand ist, verbot sich eine Ausleihe von selbst und die im Interesse des Objektes erfolgte Absage der Wiener Kollegen wurde mit Verständnis aufgenommen.

Seit dem 16. Jahrhundert befindet sich die Handschrift nachweislich in Wien. Zuvor wurde sie im Stefanskloster in Würzburg aufbewahrt, wie der Eintrag *Iste liber pertinet ad Sctm Stefa(num) In Herbipoli* auf folio 3r beweist. In der Ausstattung ihrer Miniaturen ist sie mit dem vatikanischen Codex identisch: beide enthalten neben den 28 Figurengedichten die Bildseite mit dem Lob auf Kaiser Ludwig den Frommen, die beiden Eingangsminiaturen sowie die Widmung an den Mainzer Erzbischof Otgar (zur Interpretation der Wiener Widmung an Otgar s. S. 41). Die künstlerische Qualität der Wiener Miniaturen ist jedoch deutlich geringer (vgl. Abb. 61 mit Abb. 42); zudem ist im Schriftbild ein häufiger Wechsel verschiedener Hände und Schriftarten zu erkennen, der auf einen insgesamt unruhigen oder allzu schnellen Herstellungsprozeß der Handschrift schließen läßt. Wo sie angefertigt wurde, ist unsicher. Da wohl fuldische *und* mainzerische Schreiber beteiligt waren, vermuten Kurt Holter, der Herausgeber des Faksimilebandes, und mit ihm die Mehrzahl der Forscher Mainz als Entstehungsort. Hieraus leitet sich auch die vorgeschlagene Datierung „nach 847“ ab, das Jahr der Ernennung von Rabanus zum Mainzer Erzbischof.

Lit.: Holter 1973; Perrin 1989b, S. 209 bzw. 232f; Spilling 1992, S. 78–82

Winfried Wilhelmy

Abb. 61 Kreuzgedicht XV aus *De laudibus sanctae crucis*, nach 847, fol. 20v: das Lamm Gottes und die vier Evangelistensymbole

5

# Rabanus Maurus

## *De rerum naturis (De universo)*

Adolf Rusch,
Straßburg, 1467 oder 1473–75
H. 42,5 cm; B. 30 cm; T. 5 cm

Mainz, Gutenberg-Museum (Stb Ink 575)

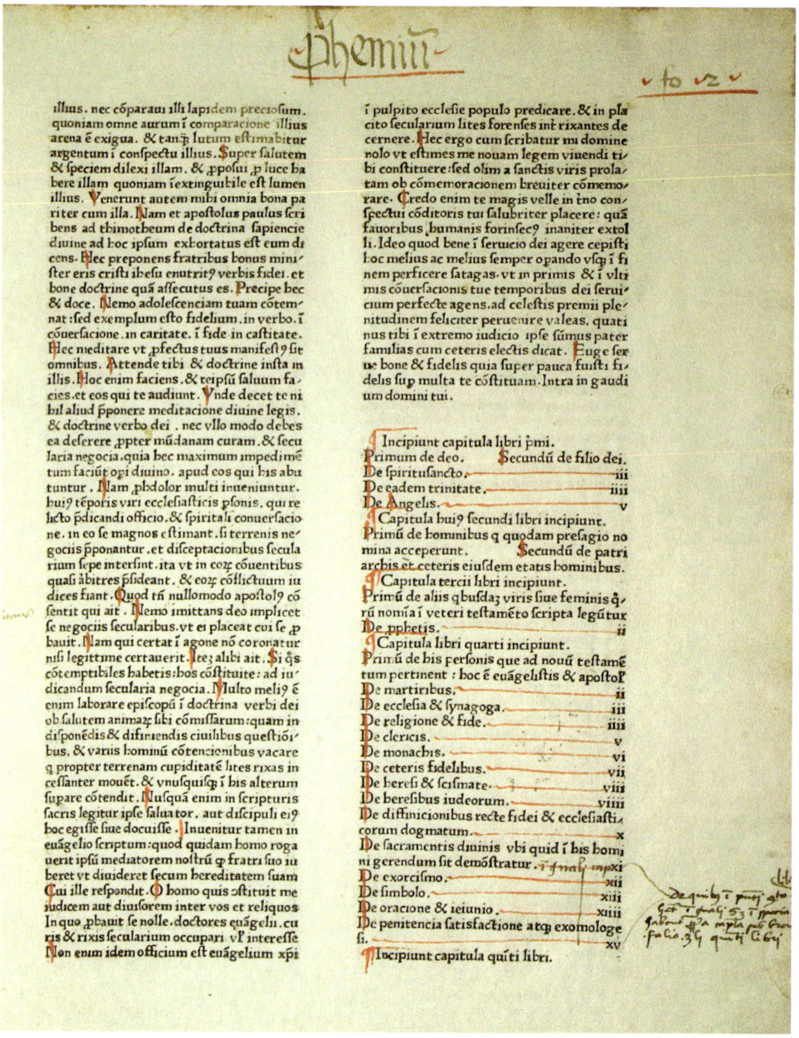

illius. nec cóparaui illi lapidem preciosum. quoniam omne aurum ĩ comparacione illius arena ẽ exigua. & tanq̃ lutum estimabitur argentum ĩ conspectu illius. Super salutem & speciem dilexi illam. & pposui p luce habere illam quoniam ĩextinguibile est lumen illius. Venerunt autem mihi omnia bona pariter cum illa. Nam et apostolus paulus scribens ad thimotheum de doctrina sapiencie diuine ad hoc ipsum exhortatus est eum dicens. Hec preponens fratribus bonus minister eris cristi ihesu enutrit9 verbis fidei. et bone doctrine quã assecutus es. Precipe hec & doce. Nemo adolescenciam tuam cótemnat: sed exemplum esto fidelium. in verbo. ĩ cóuersacione. in caritate. ĩ fide in castitate. Hec meditare vt pfectus tuus manifest9 sit omnibus. Attende tibi & doctrine insta in illis. Hoc enim faciens. & teipsũ saluum facies. et eos qui te audiunt. Vnde decet te nihil aliud pponere meditacione diuine legis. & doctrine verbo dei. nec vllo modo debes ea deserere ppter mũdanam curam. & secularia negocia. quia hec maximum impedimẽtum faciũt opi diuino. apud eos qui his abutuntur. Nam phdolor multi inueniuntur. hui9 tẽporis viri ecclesiasticis psonis. qui relicto pdicandi officio. & spiritali conuersacione. in eo se magnos estimant. si terrenis negociis pponantur. et disceptacionibus secularium sepe intersint. ita vt in eoꝝ cóuentibus quasi ãbitres psideant. & eoꝝ cóflictuum iudices fiant. Quod tñ nullomodo apostol9 cósentit qui ait. Nemo imittans deo implicet se negociis secularibus. vt ei placeat cui se pbauit. Nam qui certat ĩ agone nó coronatur nisi legittime certauerit. Itez alibi ait. Si q̊s cótemptibiles habetis: hos cóstituite: ad iudicandum secularia negocia. Multo meli9 ẽ enim laborare episcopũ ĩ doctrina verbi dei ob salutem animaꝝ sibi cómissarum: quam in disponẽdis & difiniendis ciuilibus questióibus. & variis hominũ cótencionibus vacare q propter terrenam cupiditatẽ lites rixas incessanter mouẽt. & vnusquisq̃ ĩ his alterum supare cótendit. Nusquã enim in scripturis sacris legitur ipse saluator. aut discipuli ei9 hoc egisse siue docuisse. Inuenitur tamen in euãgelio scriptum: quod quidam homo rogauerit ipsũ mediatorem nostrũ ꝙ fratri suo iuberet vt diuideret secum hereditatem suam Cui ille respondit. O homo quis cństituit me iudicem aut diuisorem inter vos et reliquos In quo pbauit se nolle. doctores euãgelii. curis & rixis secularium occupari vl' interesse Non enim idem officium est euãgelium xpi ĩ pulpito ecclesie populo predicare. & in placito secularium lites forenses int' rixantes decernere. Hec ergo cum scribatur mi domine nolo vt estimes me nouam legem viuendi tibi constituere: sed olim a sanctis viris prolatam ob cómemoracionem breuiter cómemorare. Credo enim te magis velle in tno conspectui códitoris tui salubriter placere: quã fauoribus humanis forinsec9 inaniter extolli. Ideo quod bene ĩ seruicio dei agere cepisti hoc melius ac melius semper opando vsq̃ ĩ finem perficere satagas. vt in primis & ĩ vltimis cóuersacionis tue temporibus dei seruicium perfecte agens. ad celestis premii plenitudinem feliciter peruenire valeas. quatinus tibi ĩ extremo iudicio ipse sũmus pater familias cum ceteris electis dicat. Euge serue bone & fidelis quia super pauca fuisti fidelis sup multa te cóstituam. Intra in gaudium domini tui.

¶ Incipiunt capitula libri pmi.
Primum de deo. Secundũ de filio dei.
De spiritusancto. iii
De eadem trinitate. iiii
De Angelis. v
¶ Capitula hui9 secundi libri incipiunt.
Primũ de hominibus q quodam presagio nomina acceperunt. Secundũ de patriarchis et ceteris eiusdem etatis hominibus.
¶ Capitula tercii libri incipiunt.
Primũ de aliis qbusdaz viris siue feminis q̊rũ nomĩa ĩ veteri testamẽto scripta legũtur
De pphetis. ii
¶ Capitula libri quarti incipiunt.
Primũ de his personis que ad nouũ testamẽtum pertinent: hoc ẽ euãgelistis & apostol'
De martiribus. ii
De ecclesia & synagoga. iii
De religione & fide. iiii
De clericis. v
De monachis. vi
De ceteris fidelibus. vii
De heresi & scismate. viii
De heresibus iudeorum. viiii
De diffinicionibus recte fidei & ecclesiasticorum dogmatum. x
De sacramentis diuinis vbi quid ĩ his homini gerendum sit demóstratur. xi
De exorcismo. xii
De simbolo. xiii
De oracione & ieiunio. xiiii
De penitencia satisfactione atq̃ exomologesi. xv
¶ Incipiunt capitula quĩti libri.

Die Enzyklopädie *De rerum naturis*, häufig auch *De universo* genannt, verfaßte Rabanus nach 842 in der Abgeschiedenheit seines selbstgewählten Exils auf dem Petersberg. Empfänger war Bischof Haimo von Halberstadt (840–853), der mit dieser Schrift ein Hilfsmittel für die Bibelexegese erhielt. Ein weiteres Widmungsexemplar ging an König Ludwig den Deutschen. Das Werk war im Mittelalter weit verbreitet, was mehr als ein Dutzend erhaltener Abschriften und Fragmente belegen, darunter drei aus karolingischer Zeit. Exemplare, die nachweislich in Italien oder Katalonien entstanden sind, zeugen von der auch geographisch weitgestreuten Rezeption. Ab dem 11. Jahrhundert existieren auch illustrierte Ausgaben.

Ausgehend von der Herkunft und Begriffsbestimmung der einzelnen Wörter geht es in der Schrift darum, den geistigen Sinn der Dinge auf biblischer Grundlage transparent zu machen. Ziel ist es, gemäß der damaligen Schriftauslegung den mehrfachen Wortsinn zu durchdringen. Dieses Verfahren basiert auf den *Etymologiae* des Isidor von Sevilla (um 560–636), die wichtigste Quelle von Rabanus. Daneben exzerpierte er die Schriften der Kirchenväter, besonders des Augustinus, des Hieronymus und Gregor des Großen sowie Cassiodorus, Beda Venerabilis und Alkuin. Anders als bei Isidor umfaßt *De rerum naturis* nicht zwanzig sondern zweiundzwanzig Bücher. Damit orientiert es sich am Umfang des Alten Testamentes. Rabanus, und dies ist eine neue Sichtweise, betrachtet die Dinge in der Reihenfolge ihrer Bedeutung: zunächst werden Gott, die himmlischen Heerscharen und die Sakramente

Abb. 62 Rabanus Maurus, *De universo,* 1467: Beginn des Inhaltsverzeichnisses mit den ersten vier Kapiteln *De deo, de filio dei, de spiritu sancto* und *de eadem trinitate*

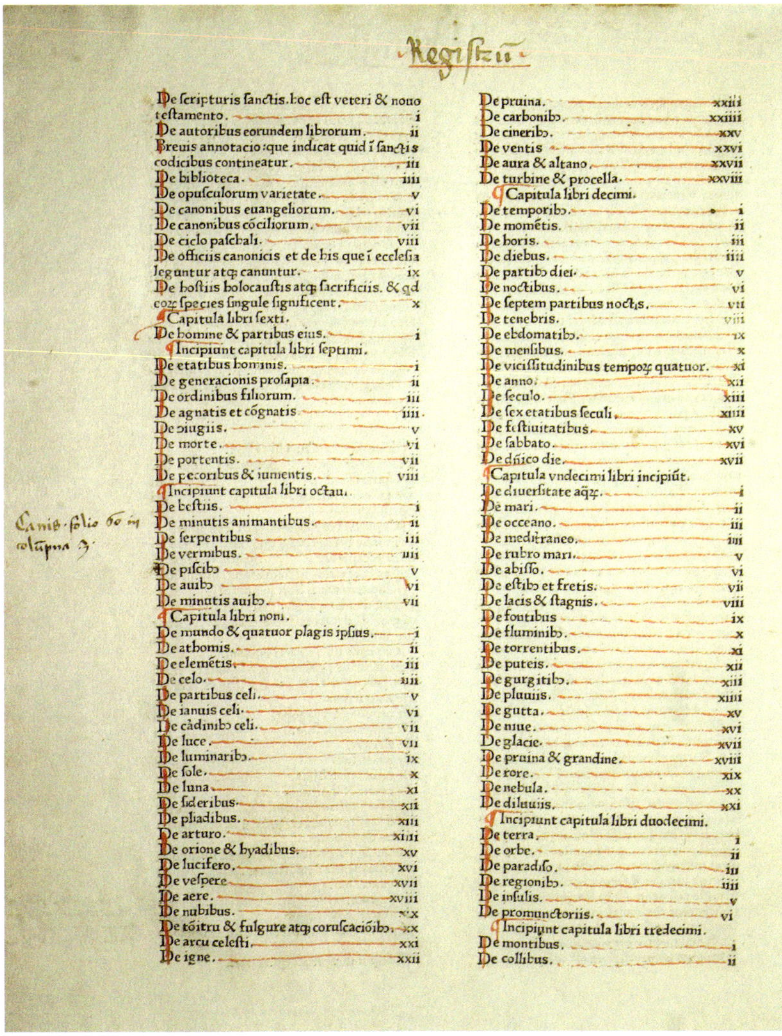

Registrū

De ſcripturis ſanctis. hoc eſt veteri & nouo teſtamento. i
De autoribus eorundem librorum. ii
Breuis annotacio: que indicat quid ī ſanctis codicibus contineatur. iii
De biblioteca. iiii
De opuſculorum varietate. v
De canonibus euangeliorum. vi
De canonibus cōciliorum. vii
De ciclo paſchali. viii
De officiis canonicis et de his que ī eccleſia leguntur atq canuntur. ix
De hoſtiis holocauſtis atq ſacrificiis. & qd eorꝫ ſpecies ſingule ſignificent. x
Capitula libri ſexti.
De homine & partibus eius. i
Incipiunt capitula libri ſeptimi.
De etatibus hominis. i
De generacionis proſapia. ii
De ordinibus filiorum. iii
De agnatis et cōgnatis iiii
De ꝯiugiis. v
De morte. vi
De portentis. vii
De pecoribus & iumentis. viii
Incipiunt capitula libri octaui.
De beſtiis. i
De minutis animantibus. ii
De ſerpentibus iii
De vermibus. iiii
De piſcibꝫ v
De auibꝫ vi
De minutis auibꝫ. vii
Capitula libri noni.
De mundo & quatuor plagis ipſius. i
De athomis. ii
De elemētis. iii
De celo. iiii
De partibus celi. v
De ianuis celi. vi
De cādinibꝫ celi. vii
De luce. viii
De luminaribꝫ. ix
De ſole. x
De luna xi
De ſideribus. xii
De pliadibus. xiii
De arturo. xiiii
De orione & hyadibus. xv
De lucifero. xvi
De veſpere xvii
De aere. xviii
De nubibus. xix
De tōitru & fulgure atq coruſcaciōibꝫ. xx
De arcu celeſti. xxi
De igne. xxii
De pruina. xxiii
De carbonibꝫ. xxiiii
De cineribꝫ. xxv
De ventis xxvi
De aura & altano. xxvii
De turbine & procella. xxviii
Capitula libri decimi.
De temporibꝫ. i
De momētis. ii
De horis. iii
De diebus. iiii
De partibꝫ diei. v
De noctibus. vi
De ſeptem partibus noctis. vii
De tenebris. viii
De ebdomatibꝫ. ix
De menſibus. x
De viciſſitudinibus temporꝫ quatuor. xi
De anno. xii
De ſeculo. xiii
De ſex etatibus ſeculi. xiiii
De feſtiuitatibus. xv
De ſabbato. xvi
De dn̄ico die. xvii
Capitula vndecimi libri incipiūt.
De diuerſitate aq̄ꝫ. i
De mari. ii
De occeano. iii
De mediterraneo. iiii
De rubro mari. v
De abiſſo. vi
De eſtibꝫ et fretis. vii
De lacis & ſtagnis. viii
De fontibus ix
De fluminibꝫ. x
De torrentibus. xi
De puteis. xii
De gurgitibꝫ. xiii
De pluuiis. xiiii
De gutta. xv
De niue. xvi
De glacie. xvii
De pruina & grandine. xviii
De rore. xix
De nebula. xx
De diluuiis. xxi
Incipiunt capitula libri duodecimi.
De terra. i
De orbe. ii
De paradiſo. iii
De regionibꝫ. iiii
De inſulis. v
De promunctoriis. vi
Incipiunt capitula libri tredecimi.
De montibus. i
De collibus. ii

Abb. 63 Rabanus Maurus, *De universo,* 1467: Fortführung des Inhaltsverzeichnisses u.a. mit Stichworten zum Schrift- und Bibliothekswesen, den Menschen und den Tieren, den Planeten, den Zeiten usw.

erläutert, es folgen Kosmos, Erde, Mensch, schließlich alle Wesen und Dinge, darunter auch die heidnischen Götter (Abb. 62 und 63).

Trotz – oder gerade wegen (?) – dieses gelehrten Inhaltes entschied sich der Straßburger Drucker Adolf Rusch um 1467 oder zwischen 1473 und 1475 zu einem Druck des *Opus de universo*. Dies ist vor allem deshalb bemerkenswert, weil, anders als im 16. Jahrhundert, das literarische Werk des Rabanus von den Druckern des 15. Jahrhunderts so gut wie nicht rezipiert wurde. Unter den mehr als 25.000 Titeln, die der *Incunabula Short Title Catalogue* verzeichnet, findet sich mit *De universo* lediglich ein einziger, der Rabanus Maurus als Autor nennt. Rusch stand dem elsässischen Humanistenkreis nahe und hatte – im Gegensatz zu den meisten anderen deutschen Inkunabeldruckern – einen Hang zu klassischen und humanistischen Texteditionen. Dieses spezielle literaturhistorische Interesse mag seine Entscheidung für diesen Rabanus-Druck beeinflußt haben, für den er offenbar auf dem europäischen Markt Absatzmöglichkeiten sah. Wie die relativ große Anzahl der noch erhaltenen Exemplare nahe legt, entschied er sich für eine eher hohe Auflage, die weit über die deutschen Grenzen hinaus Verbreitung fand. Allerdings scheint das Werk kein überzeugender finanzieller Erfolg gewesen zu sein, denn es wurde weder nachgedruckt noch neuaufgelegt.

Neben dem Druck von *De universo* stehen nur noch drei weitere Drucke des 15. Jahrhunderts mit Rabanus in Zusammenhang. So glaubte Peter Ther Hoernen ein

Werk von ihm zu veröffentlichen, als er 1486 in Köln das *Liber poenitentialis* des Thomas de Chabham druckte und in einem Teil der Auflage Rabanus Maurus als Autor nannte. Und schließlich fügten 1476 der Kölner Drucker Johann Koelhoff und 1491 der Nürnberger Drucker Peter Wagner der bei ihnen erschienenen *Passio Jesu Christi* des Franziskaners Johannes Kannemann eine *Historia S. Catharinae* bei, die auf das *Martyrologium* des Rabanus zurück ging. Erst im 16. Jahrhundert nahmen die Buchdrucker Rabanus Maurus nachhaltiger als Autor wahr. Den Beginn machte 1503 Thomas Anshelm, der einen Druck von *De laudibus sanctae crucis* herausgab (s. Kat.-Nr. 16) und nur ein Jahr später erfolgte bereits der Druck von *De institutione clericorum* (s. Kat.-Nr. 6).

Lit.: Heyse 1969

Winfried Wilhelmy/Cornelia Schneider

## 6
## Rabanus Maurus
## *De institutione clericorum*

Thomas Anshelm,
Pforzheim, 1504
H. 21 cm; B. 14 cm; T. 4 cm

Mainz, Martinus-Bibliothek (Inv.-Nr. Inc 449a)

Das um 819 in drei Büchern verfaßte Werk *De institutione clericorum* („Über die Unterweisung des Klerus") widmete Rabanus seinen Mitbrüdern und, wie in den Kopfzeilen deutlich wird, dem Mainzer Erzbischof Haistulf (Abb. 64). Das Thema der Schrift ist die „Art und Weise, wie die Geistlichen sich selbst und ihre Untergebenen zum Gottesdienst vorbereiten sollen". So ist der Geistliche, neben der Unterweisung in der korrekten Ausübung der Liturgie, auf seine Rolle als Vorbild des Volkes hin zu erziehen, damit er zum religiösen und moralischen Lehrer des Menschen werde.

Behandelt werden die kirchliche Hierarchie und die wichtigsten Sakramente; ferner die Stundengebete, die Fastenzeiten und verschiedene Dogmen des katholischen Glaubens, aber auch die Priesterkleidung. Besondere Bedeutung legt Rabanus auf eine Einführung in die Heilige Schrift. Ein weiterer Schwerpunkt sind die *Studien und Künste der Heiden*, worunter er die *Sieben Freien Künste* versteht. Nach seinem Selbstverständnis als Theologe und Gelehrter betrachtete er deren Kenntnis als grundlegend für das Verständnis der Bibel und aller (theologischen) Wissenschaften.

Die Quellen, aus denen Rabanus für *De institutione clericorum* schöpfte, sind, wie so oft, die Schriften der Kirchenväter, vor allem *De doctrina christiana* des Augustinus und Werke des Isidor von Sevilla. Die besondere Leistung von Rabanus liegt in der Gliederung des umfangreichen Stoffes und in seinem praktischen Nutzen, den der Kleriker für den Kirchenalltag aus den Texten ziehen kann. Dies, sowie die geglückte Verbindung von antiker Bildung und Philosophie mit der christlichen Lehre machten das Werk zu einem der wichtigsten klerikalen Handbücher des Mittelalters. Bis weit in das 15. Jahrhundert hinein wurde es immer wieder handschriftlich kopiert. Noch in der Neuzeit wurde das Werk mehrmals neu im Druck aufgelegt, wovon das hier gezeigte Exemplar Zeugnis gibt.

Lit.: Zimpel1996; Picker 2001

Winfried Wilhelmy

Abb. 64 Rabanus Maurus, *De institutione clericorum*, 1504

# RABANI MAVRI MAGVNTINENSIS ECCLESIAE ARCHIEPISCOPI. IN LIBRVM DE INSTITVTIONE CLERICORVM PRAEFATIO.

Dño reuerendissimo ac religiosissimo Haistulpho Archiepiscopo. Rabanus minimus seruorũ dei, ęternã in Christo optat S.

C Vm te sanctę pater, pro merito summę pietatis plurimi venerẽtur, & omĩbus fidelibus causa magnę fidei et sanę doctrinę, honorabilis atq; amabilis existas, cõgruũ esse iudicaui, vt ego in quem plĩm tuoꝝ bñficioꝝ contulisti, munusculum aliquod, licet nõ cõdignũ, tamẽ vt credo nõ ingratũ, tuę venerationi deferrẽ, nihil verens de precio, quia animus in volũtate diues, magis ęstimat deuotionẽ offerẽtis quã donũ. Et hac fiducia, ausus sum partẽ laboris mei, quã in studio sacrę lectionis elaboraui, ubi quẽ benignissimũ atq; ęquissimũ esse scio, iure muneris dirigere, vt a te q̃lecũq; sit recipetur, ac tuo iudicio ꝓbaret̃, atq; ad purũ examinaret̃. Proinde obsecro te sanctę pater, vt oblatũ tibi opus suscipias, ac pie relegẽs, diligent̃ illud examines, & illi quę in eo ratiõabilit̃ inueneris, dicata ei hęc tribuas, a quo est omĩs ratio creata. Si qua vero inconsiderate repis ꝓlata, tuo studio citius reddas illa emẽdata, et sic credo legẽtibus erunt utilia. Tuo enim magisterio semꝑ me libens subdã, a quo recordor me accepisse dignitatẽ ecclesiasticã. Confido tñ oĩpotentis dei gratię, quia fidem et sensum catholicũ in omnibus tenere, nec ꝑ me quasi ex me ea ꝓtuli, sed authoritati innitens maiori, per omnia illoꝝ vestigia sum locutus. Cyprianũ dico atq; Hilariũ, Ambrosium Hieronymũ Augustinum, Gregorium Chrisostomum Damasum Cassiodorum atq; Isidorũ, & cęteros nõnullos, quoꝝ dicta alicubi in ipso opere, ita ut ab eis scripta sunt pro conuenientia posui, alicubi quoq; illoꝝ sensum meis

a iij

7

# Das musikalische Werk des Rabanus Maurus am Beispiel von *De institutione clericorum*

Georg Colvener,
Köln 1626
H. 39 cm; B. 25 cm; T. 9,5 cm

Mainz, Martinus-Bibliothek (Inv.-Nr. B 537, 1–6)

In karolingischer Zeit war Musik ein unverzichtbarer Bestandteil des religiösen Lebens. Als Teil der von Karl dem Großen geforderten Liturgiereform waren ausreichende Kenntnisse des liturgischen Gesangs unverzichtbar. So versteht es sich von selbst, daß sich Rabanus auch dieses Themas angenommen hat, nicht zuletzt deshalb, weil die Musik zu den *Sieben Freien Künsten* zählt.

Sowohl in *De institutione clericorum* (Abb. 65, s. auch Kat.-Nr. 6) als auch in *De rerum naturis* (s. Kat.-Nr. 5) setzt er sich mit dem Wesen, der Technik und dem Nutzen der Musik auseinander. So beschreibt er die Wirkung des liturgischen Gesangs als Mittel zur *compunctio cordis*, der „Berührung des Herzens". Er helfe, die Lesungen *decenter*, „würdiger" zu gestalten und die Psalmen *suaviter*, „auf liebliche Weise" erklingen zu lassen. Nicht umsonst wirkt nach Rabanus die Musik in der gesamten irdischen und überirdischen Schöpfung: sie allein versetzt Leib und Seele in einen Zustand der *harmonia*. Bezieht sich Rabanus hierbei besonders auf Schriften des spätantiken Philosophen Cassiodor, so exzerpiert er für andere Ausführungen zur Musik Werke von Augustinus, Isidor von Sevilla oder dem sogenannten Pseudo-Melito.

Am bekanntesten ist der „Musiker" Rabanus aber als Hymnendichter. Als sein Hauptwerk gilt – obwohl die Autorschaft wie bei allen rabanischen Hymnen umstritten ist – das auch heute noch gesungene *Veni creator spiritus* („Komm, Schöpfer Geist", s. Abb. auf S. 6). Die Frage, ob Rabanus seine Hymnen auch vertonte, wird kontrovers diskutiert. Grundsätzlich wird davon ausgegangen, daß er nicht selber komponierte, sondern ältere Melodien neu vertextete. Für *Veni creator spiritus* ist gesichert, daß er etwa 150 Jahre nach Rabans Tod nach einer Melodie von einem Hymnus des Ambrosius gesungen wurde *(Hic est dies verus Dei)*.

Lit.: Richenhagen 1989; Traub 1996

Winfried Wilhelmy

Abb. 65 Rabanus Maurus, *De institutione clericorum*, 1626

A diebus ieiunauerunt: cuius actionis figuratus quidam sine huius numeri cognitione & consideratione non soluitur. Habet enim denarium quater, tanquam cognitionem omnium rerum intextam temporibus. Quaternario namque numero, & diurna & annua curricula peraguntur: diurna matutinis, meridianis, vespertinis, nocturnisq; horarum spatijs. Annua vernis, æstiuis, autumnalibus, hyemalibusq; mensibus. A temporum autem delectatione dum in temporibus viuimus, propter æternitatem in qua viuere volumus, abstinendum & ieiunandum est: quamuis temporum cursibus ipsa insinuetur nobis doctrina contemnendorum temporum, & appetendorum æternorum. Porro autem denarius numerus, creatoris atq; creaturæ significat scientiam: nam trinitas creatoris est: septenarius autem numerus creaturam indicat, propter vitam & corpus. Nam in illa tria sunt: vnde etiam toto corde, tota anima, tota mente diligendus est Deus: in corpore autem manifestissima quatuor apparent, quibus constant elementa. Hoc ergo denario dum temporaliter nobis insinuatur, id est, qu iter ducatur, caste & cō- B tinenter à temporum delectatione viuere, hoc est quadraginta diebus ieiunare, hoc est lex cuius persona est in Moyse, hoc est prophetia, cuius personam gerit Helias: hoc ipse Dominus monet, qui tanquam testimonium habens à lege & Prophetis, medius inter illos in monte tribus discipulis videntibus atque stupentibus, claruit. Deinde ita quęritur, quomodo quinquagenarius de quadragenario numero existat, qui non mediocriter in nostra religione sacratus est propter pentecosten. & quomodo ter ductus propter tria tempora ante legem, sub lege, sub gratia: vel propter nomen patris, & filij, & Spiritus sancti, adiuncta eminentius ipsa trinitate ad purgatissimæ Ecclesiæ mysterium referatur, perueniatq; ad centum vel *Ioh. vlti.* tres pisces, quos retia post resurrectionem Domini in dexteram partem missa ceperunt. Ita multis alijs atq; alijs numerorum formis, quædam propter similitudinem in sanctis libris secreta ponuntur, quæ propter numerorum imperitiam legentibus clausa sunt. Quapropter necesse C est eis qui volunt ad sacræ scripturæ notitiam peruenire, vt hanc artem intente discant: & cum didicerint, mysticos numeros in diuinis libris facilius hinc intelligant.

## CAPVT XXIII.

### *De Geometria.*

NVnc ad Geometriam veniamus, quæ est descriptio contemplatiua formarum: documentum etiam visuale Philosophorum: quod vt præconijs celeberrimis referant Iouem suum, in operibus proprijs geometriare testantur. Quod nescio vtrum laudibus an vituperationibus applicetur: quando quod illi pingunt in puluere coloreo, Iouem facere mentiuntur in cælo. Quod si vero creatori & omnipotenti Deo salubriter applicetur, potest ex sententiæ forsitan conuenire veritate. Geometria enim si fas est dicere, sancta diuinitas, quoniam creaturæ suæ, quam vsq; hodie facit existere, diuersas species formulasq; concedit: quando cursus stellarum potentia veneranda distribuit, & statutis lineis fecit currere quæ mouentur: certaq; sede quæ sunt, fixa constituit. Quic- D quid enim bene disponitur atq; componitur, potest disciplinæ huius qualitatibus applicari. Geometria Latine dicitur terræ dimensio: sicq; diffinitur. Geometria est disciplina magnitudinis immobilis & formarum, quod per diuersas formas ipsius disciplinæ vt nonnulli dicunt, primum Ægyptijs Dominis proprijs fertur esse partitus. Cuius disciplinæ magistri, mensores antè dicebantur: sed Varro peritissimus Latinorum, huius nominis causam sic extitisse commemorat, dicens, prius quidem homines per dimensiones terrarum terminis positis, vagantibus populis pacis vtilia præstitisse: deinde totius anni circulum menstruali numero fuisse partitos: vnde & ipsi menses quod annum metiantur, edicti sunt. Verum postquam ita reperta sunt, prouocati studiosi ad illa inuisibilia cognoscenda, cœperunt quærere, quanto spatio à terra luna, à luna sol ipse distaret: & vsq; ad verticem cæli quanta se mensura distenderet, quod peritissimos geometras E assecutos commemorat. Tunc & dimensionem vniuersæ terræ probabili refert ratione collectam: ideoque factum, vt disciplina ipsa Geometricę nomen acciperet, quod per secula longa custodit. Hæc igitur disciplina in tabernaculi templique ædificatione seruata est: vbi linealis mensuræ vnius & circuli ac sphæræ atq; hemisphærion, quadrangulæ quoque formæ, & cæterarum figurarum dispositio habita est: quorum omnium notitia, ad spiritalem intellectum non parum adiuuat tractatorem.

## CAPVT XXIV.

### *De Musica.*

MVsica est disciplina quæ de numeris loquitur qui ad aliquid sunt: id est, his qui inueniantur in sonis: vt duplum, triplum, quadruplum, & his similia quæ dicuntur ad aliquid. Hæc ergo disciplina tam nobilis est, tamque vtilis, vt qui ea caruerit, Ecclesiasticum officium congrue implere non possit. Quicquid enim in lectionibus decenter pronunciatur, ac quicquid de Psal- F mis suauiter in Ecclesia modulatur, huius disciplinæ scientia ita temperatur, & non solum per hanc legimus & psallimus in Ecclesia, immo omne seruitium Dei rite implemus. Musica ergo disciplina per omnes actus vitæ nostræ hac ratione diffunditur: primum si creatoris mandata faciamus & puris mentibus, statutis ab eo regulis, seruiamus. Quicquid enim loquimur, vel intrinsecus venarum pulsibus commouemur, per musicos rithmos harmoniæ virtutibus probatur esse sociatum. Musica quippe, scientia est bene modulandi. Quod si nos bona conuersatione tractamus, tali disciplinæ probamur semper esse sociati: quando vero iniquitates gerimus, musicam non habemus. Cælum quoque & terra, vel omnia quæ in eis superna dispensatione peraguntur, non sunt nisi musica disciplina: cum Pithagoras hunc mundum per musicam conditum, & per eam gubernari posse testatur. Hæc & in ipsa quoque religione Christiana valde permixta est: ac inde fit, vt non pauca etiam G claudat atque obtegat nonnullarum rerum musicarum ignorantia. Nam & de psalterij & citharæ differentia, quidam non inconcinne aliquas rerum figuras aperuit: & decem chordarum psalterium non importune inter doctos quæritur, vtrum habeat aliquam Musicæ legem, quę ad tantum neruorum numerum cogat: an vero si non habet, eo ipso magis sacrate accipiendus sit ipse numerus, vel propter decalogū legis. De quo item numero si quæratur, non nisi ad creatorem creaturamque referendus est: vel propter expositum ipsum denarium. Et ille numerus ædificationis templi qui commemoratur in Euangelio, xl. scilicet: & vi. annorum, nescio quid musicum sonat: & relatus ad fabricam dominici corporis, propter quam templi mentio facta est, cogit nonnullos hæreticos confiteri filium Dei, non falso sed vero, & humano corpore indutum. Itaque & numerum & musicam plerisque locis in sanctis scripturis honorabiliter posita, inuenimus. Non enim audiendi sunt errores gentilium superstitionum, qui nouem musas, & Iouis & Memoriæ fi- H lias esse finxerunt. Refellit eos Varro: quo nescio vtrum *Varronis laus.* apud eos quisquam talium rerum doctior vel curiosior esse possit. Dicit enim ciuitatem nescio quam (non enim nomen recolo) locasse apud tres artifices terna simulacra musarum, quod in templo Apollinis donum poneret: vt quisquis artificum pulchriora formasset, ab illo potissimum electa emeret: ita contigisse, vt opera sua illi quoque artifices æque pulchre explicarent, & placuisse ciuitati omnes nouē: atq; omnes esse emptas, vt in Apollinis templo dedicarentur: quibus postea dicit Hesiodum poetam imposuisse vocabula. Hic ergo Iupiter nouem musas genuit: sed tres fabri ternas creauerunt. Tres autē non propterea illa ciuitas locauerat: quidam in somnis eas viderat, aut tot se cuiusquam illorum oculis demonstrauerant: sed quia facile erat animaduertere, omnem sonum quę materies cantilenarum est, triformem esse natura. Aut enim voce editur, sicuti eorum est qui faucibus

8
# Bonifatiusstein

Mainz, um 854
Kalkstein
H. noch 107 cm; B. 55 cm; T. 27 cm

Mainz, Bischöfliches Dom- und Diözesanmuseum

Als Erzbischof Bonifatius auf seiner letzten Missionsreise in Friesland ermordet worden war († 5. 6. 754) und seinem Wunsch gemäß in Fulda bestattet werden sollte, legte sein Nachfolger Lul in Mainz – als Ersatz für den Verlust des Märtyrergrabes – ein Reliquiengrab an. Sobald der Leichnam in die Bischofstadt gebracht wurde, ließ Lul ihn waschen, das mit Blut vermischte Waschwasser in einem Tongefäß sammeln und im Boden vergraben. Erst einhundert Jahre später hat dann Erzbischof Rabanus Maurus (847–856) darauf ein Grabmal setzen lassen. Davon berichtete sein Epigramm, das sich neben dem Reliquiengrab in der Marienkirche befand:

*IN ECCLESIA SANCTAE MARIAE IUXTA SEPULCHRUM SANCTI BONIFACII*
*Postquam marytrium explevit Bonifacius almus,*
*martyr et antistes, aethera celsa petens,*
*de Fresia huc vectus cum theca hac rite locatus*
*sanguinis hic partem liquerat hinc abiens.*
*Desuper hunc tumulum Hrabanus condere iussit*
*ad laudem sancti exiguus famulus,*
*indignus praesul, vernaculus attamen huius,*
*pro quo tu, lector, funde preces domino.*

„IN DER KIRCHE DER HEILIGEN MARIA NEBEN DEM GRAB DES HEILIGEN BONIFATIUS
Nachdem Bonifatius, der segenspendende Blutzeuge und Bischof, das Martyrium erlitten hatte und seine Seele in den hohen Himmel emporgestiegen war, wurde sein Leichnam von Friesland hierher gebracht und im Sarg an dieser Stelle feierlich abgesetzt. Bevor er weiterzog, ließ er einen Teil seines Blutes hier zurück.

Darüber ließ Rabanus zum Ruhm des Heiligen dieses Grabmal errichten, sein geringer Diener und unwürdiger Bischof, aber doch mit ihm aus einem Hause [dem Kloster Fulda] stammend. Für ihn bete Du, Leser, zum Herrn".

Der Standort des Grabmals ist zwar unbekannt, aber zu erschließen. Denn das Reliquiengrab eines so berühmten Missionars, Erzbischofs und Märtyrers muß an einem Ehrenplatz gelegen haben. Es ist allerdings nicht in der Apsis, sondern in der Mittelachse des Langhauses zu suchen, weil sich die Inschrift an vorbeikommende Leser mit der Bitte um Gebetsgedenken richtete. Das Grabmal stand also frei im Hauptschiff und dürfte angesichts der Tatsache, daß die zugehörige Inschrift nicht auf, sondern neben ihm angebracht wurde, ringsum verziert gewesen sein.

Unter den karolingischen Steindenkmälern aus Mainz befindet sich nur ein rechteckiger Kalksteinblock, der auf vier Seiten mit Reliefs versehen ist und angesichts von Form, Größe und Dekor ein Grabmal gewesen sein muß. Er wurde 1857 im Garten des Kapuzinerklosters entdeckt, das erst 1618 gegründet worden ist, also nicht sein ursprünglicher Standort war. Die Schauseite (Abb. 66) trägt das Relief eines Mannes ohne Nimbus, der in liturgischen Gewändern unter einer Arkade steht und ein Buch mit dem Bibelvers *VENITE BENEDICTI* („Kommt, ihr Gesegneten"; Mt. 25,34) sowie einen Kreuzstab in Händen hält. Unter einer ähnlichen Arkade auf der Rückseite (Abb. 67) steht ein Vortragekreuz mit der Inschrift *SANCTA CRVX SALVA NOS* („Heiliges Kreuz, errette uns"). Wellenförmige Weinranken zieren beide Schmalseiten (Abb. 68). Von der bunten Bemalung blieb nichts erhalten. Spuren nachträglicher Überarbeitung, bei der Gesicht und Oberkörper des Mannes flächig abgemeißelt, die Oberseite abgeschlagen sowie die seitliche Nut für eine Metallklammer angebracht wurden, belegen die Wiederverwendung des Steines. Seine unversehrte Rückseite mit dem Kreuzrelief könnte z. B. als Retabel gedient haben.

Seit seiner Veröffentlichung durch Friedrich Schneider (1875), der den Kalksteinblock für eine Spolie aus den Ruinen des karolingischen Albansklosters hielt, wurde er als „Priesterstein von St. Alban" bezeichnet. Der dargestellte Priester trägt aber keine einfachen Meßgewänder, sondern Albe, Dalmatik, Glockenkasel und Manipel, also den typischen Ornat eines karolingischen Bischofs, und außerdem einen Kreuzstab als Symbol des Märtyrertodes. Sein Gesicht ist zwar abgeschlagen, doch blieb das kurze Haar mit einer Geheimratsecke noch erkennbar, die ihn als älteren Mann kennzeichnet.

Das Grabmal für einen Mainzer Bischof, der im höheren Alter als Märtyrer gestorben ist, kann weder für den 406 enthaupteten Diakon und Wanderprediger Alban, noch für den 451 von Hunnen getöteten, in

Abb. 66 Bonifatiusstein, um 854: Darstellung des hl. Bonifatius

Abb. 67 Bonifatiusstein, um 854: Kreuzseite

Mainz aber kaum verehrten Bischof Aureus, sondern nur für Erzbischof Bonifatius bestimmt gewesen sein. Seiner Gestalt fehlt heute das erzbischöfliche Pallium nur deshalb, weil es lediglich aufgemalt oder sogar als Flachrelief vorhanden war, aber abgemeißelt worden ist. Denn zur Karolingerzeit haben Künstler alle Bischöfe, die damals noch keine Mitra trugen, mit einem Pallium dargestellt, um sie dadurch von anderen Priestern zu unterscheiden.

Stilistischen Vergleichen und einer neuen Schriftanalyse von Prof. Dr. Sebastian Scholz (Mainz) zufolge stammt die Kalksteinstele aus der frühen zweiten Hälfte des 9. Jahrhunderts. Die Inschriften des Buches und insbesondere des Kreuzes spielen auf Rabanus Maurus an, den Verfasser des Figurengedichts *De laudibus sanctae crucis.* Beides rechtfertigt den Schluß, daß das ungewöhnliche Kunstwerk mit jenem Bonifatius-Grabmal identisch ist, das der Erzbischof – wahrscheinlich zum 100sten Todestag des Märtyrers am 5. Juni 854 – gestiftet hatte. Standort war das Reliquiengrab in der karolingischen Marien- und späteren Bonifatiuskirche, die nördlich der Johanniskirche gelegen hatte.

Da vom Grabmal oben etwas Aufgehendes abgeschlagen worden ist, war es ursprünglich höher. Angesichts seiner Form und der allseitigen Reliefs könnte es sogar ein Hochkreuz angelsächsischen Typs gewesen sein. Es war offenbar das erste freistehende Grabmal Europas, das für einen Bischof in einer Kirche errichtet und außerdem schon mit seinem Standbild geschmückt worden ist. Dabei handelt es sich um die älteste, erhaltene Darstellung des hl. Bonifatius, die den Angelsachsen nicht nur im Ornat eines Erzbischofs und mit dem Kreuzstab eines Märtyrers, sondern auch mit seinem persönlichen Merkmal zeigt – dem schütteren Haar eines alten Mannes.

Lit.: Schneider 1875; Schmidt 1966; AK Paderborn 1999, II, Nr. VII.12 (Winfried Wilhelmy); Schulze-Dörrlamm 2004; Schulze-Dörrlamm 2005

Mechthild Schulze-Dörrlamm

Abb. 68 Bonifatiusstein, um 854: rechte Schmalseite mit Rankenwerk

## 9
## LichtBuchstabenRätsel

Entwurf: Hako J.; Technik: Traxon, 2005
Plexiglas, LED-Leuchten, Folie
H. 100 cm; B. 100 cm; T. 5 cm

Mainz, Bischöfliches Dom- und Diözesanmuseum
Realisiert durch Mittel der Adolf-Gerhard-Stiftung, Mainz

Vor farbig durchlichtetem Grund erscheinen Buchstaben in einem regelmäßigen Raster. Die scheinbar systemlos nebeneinander gesetzten Schriftzeichen fügen sich bei veränderter Leserichtung, etwa von oben nach unten oder von rechts nach links, zu sinnvollen Wörtern. Erst durch die Markierung der zusammengehörigen Zeichen wird der Schriftsinn deutlich. Es ist eine Struktur, wie sie auch die Bildgedichte des Rabanus Maurus aufweisen. Auch in dem quadratischen Format und der Bildaufteilung wird eine Brücke zu dessen Bildgedichten geschlagen. Eine ebenso direkte Entsprechung findet die eigens für diese Ausstellung entworfene Arbeit in den uns so vertrauten Rätselseiten der Zeitschriften. Einige der zu suchenden Wörter sind in den vier quadratischen Buchstabenfeldern bereits markiert, weitere gilt es noch zu entdecken. Das populäre Feierabendrätsel wird in der Installation monumentalisiert und durch das hinterlegte Lichtspiel verfremdet. Der Alltagsgegenstand wird so seinem trivialen Kontext entzogen und öffnet den Blick auf das Wesen des Rätsels – nicht nur des so vertrauten Buchstabenspiels unserer Printmedien. Jede Epoche hat sich dem spielerischen Umgang mit Wort und Sinn hingegeben, von manieristischen *carmina figurata* über die dadaistischen Nonsensgedichte bis zur Konkreten Lyrik der Nachkriegsliteratur. In der populären Ausformung des Buchstabenrätsels erfährt die Gattung in ihrer Vereinfachung eine Demokratisierung. Die Regeln sind schnell erklärt, die Sinnzusammenhänge erschöpfen sich meist schon in der Wortbildung. Doch gerade in ihrer dadurch erlangten allgemeinen Verständlichkeit eröffnen sie einen spielerischen Zugang zu den komplexen Figurengedichten des Rabanus und verdeutlichen deren Modernität (s. Abb. 28).

Die Freude am Spiel eignet den Gedichten des Rabanus, und auch dem Betrachter dieses Buchstabenrätsels sollte sie nicht genommen werden. Deshalb verbergen sich neben den bereits gekennzeichneten Begriffen noch sechs „unentdeckte“ Wörter in den Buchstabenfeldern, die, in der richtigen Reihenfolge gelesen, den derzeitigen Nachfolger des Rabanus auf dem Mainzer Bischofsstuhl bezeichnen.*

Alexandra König

*Karl Kardinal Lehmann, Bischof von Mainz

Abb. 69 LichtBuchstabenRätsel, 2005

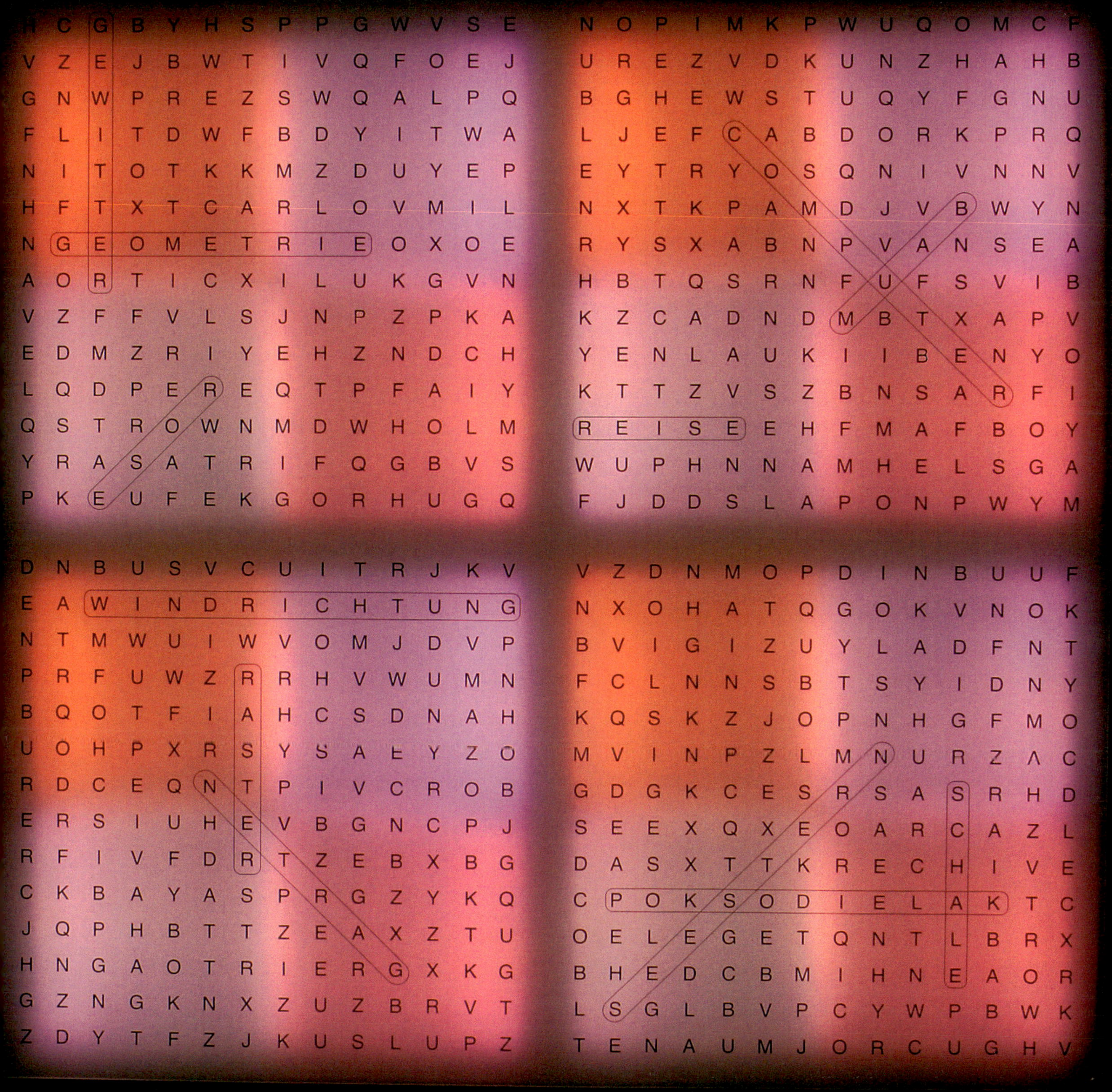
H C G B Y H S P P G W V S E
V Z E J B W T I V Q F O E J
G N W P R E Z S W Q A L P Q
F L I T D W F B D Y I T W A
N I T O T K K M Z D U Y E P
H F T X T C A R L O V M I L
N G E O M E T R I E O X O E
A O R T I C X I L U K G V N
V Z F F V L S J N P Z P K A
E D M Z R I Y E H Z N D C H
L Q D P E R E Q T P F A I Y
Q S T R O W N M D W H O L M
Y R A S A T R I F Q G B V S
P K E U F E K G O R H U G Q
N O P I M K P W U Q O M C F
U R E Z V D K U N Z H A H B
B G H E W S T U Q Y F G N U
L J E F C A B D O R K P R Q
E Y T R Y O S Q N I V N N V
N X T K P A M D J V B W Y N
R Y S X A B N P V A N S E A
H B T Q S R N F U F S V I B
K Z C A D N D M B T X A P V
Y E N L A U K I I B E N Y O
K T T Z V S Z B N S A R F I
R E I S E E H F M A F B O Y
W U P H N N A M H E L S G A
F J D D S L A P O N P W Y M
D N B U S V C U I T R J K V
E A W I N D R I C H T U N G
N T M W U I W V O M J D V P
P R F U W Z R R H V W U M N
B Q O T F I A H C S D N A H
U O H P X R S Y S A E Y Z O
R D C E Q N T P I V C R O B
E R S I U H E V B G N C P J
R F I V F D R T Z E B X B G
C K B A Y A S P R G Z Y K Q
J Q P H B T T Z E A X Z T U
H N G A O T R I E R G X K G
G Z N G K N X Z U Z B R V T
Z D Y T F Z J K U S L U P Z
V Z D N M O P D I N B U U F
N X O H A T Q G O K V N O K
B V I G I Z U Y L A D F N T
F C L N N S B T S Y I D N Y
K Q S K Z J O P N H G F M O
M V I N P Z L M N U R Z A C
G D G K C E S R S A S R H D
S E E X Q X E O A R C A Z L
D A S X T T K R E C H I V E
C P O K S O D I E L A K T C
O E L E G E T Q N T L B R X
B H E D C B M I H N E A O R
L S G L B V P C Y W P B W K
T E N A U M J O R C U G H V

10

## Beinkasten aus Essen-Werden

Original: Italien (?), 2. Hälfte 8. Jh.
Elfenbein, Eichenholz
Essen-Werden, Schatzkammer der Propsteikirche St. Liudger

Kopie: H. 21,2 cm; B. 40 cm; T. 21,2 cm

Mainz, Römisch-Germanisches Zentralmuseum

Kreuzigungsdarstellungen sind in der karolingischen Kunst, im Vergleich zu anderen christologischen Themen, eher selten. Statt dessen bevorzugt insbesondere die Buchkunst jener Zeit christologische Symbole wie den Lebensbrunnen oder das von den Evangelistensymbolen umgebene Lamm Gottes. Wird die Kreuzigung Christi direkt dargestellt, so meist in einem erzählerischen Zusammenhang und in Kombination mit einem Bild des Auferstandenen. Diese doppelte Darstellung Christi wird am schönsten durch die Bildfelder des sogenannten Beinkastens aus Essen-Werden repräsentiert (Abb. 72).

Sein rekonstruiertes Deckelbild zeigt den Gekreuzigten, der, ähnlich wie die Darstellung im Sakramentar von St. Alban (s. Kat.-Nr. 11), in ein kreuzförmiges Bildfeld eingepaßt ist (Abb. 70). Wie in der Christusminiatur in De laudibus (s. Abb. 26) so sind auch die Augen dieses Gekreuzigten hier weit geöffnet. Der in eine – für abendländische Kreuzigungsszenen ungewöhnliche – Tunika gekleidete Christus wird von zwei zu Boden geworfenen Figuren begleitet, die als Longinus und Stephaton, die beiden Soldaten unter dem Kreuz, zu interpretieren sind. Geblendet von der Göttlichkeit Christi, die sich in dem gekreuzigten und doch lebendigen Sohn Gottes offenbart, reißen sie die Arme empor.

Der auferstandene und verklärte Christus findet sich auf der rekonstruierten Schauseite des Kastens (Abb. 71). Demonstrativ hebt er die Hände mit den Wundmalen empor. Nach Art spätantiker *Oranten* greifen die beiden Engel, die ihn auf den Nachbarfeldern begleiten, den Gestus auf. Die Darstellung der Schauseite führt zwar narrativ fort, was mit dem Bild des Deckels begonnen wurde: auf die Kreuzigung folgt die Auferstehung. Inhaltlich geht sie jedoch nicht über die Abbildung des Deckels hinaus: eindringlich wird dem Betrachter die Göttlichkeit Christi vor Augen geführt; die um 800 so intensiv diskutierte komplexe Struktur von göttlicher *und* menschlicher Natur Christi zu verbildlichen, wird Rabanus in seinem Kreuzgedicht I vorbehalten bleiben (s. S. 26–29 bzw. 48f).

Lit.: Schulze-Dörrlamm 2002

Winfried Wilhelmy

Abb. 70 Beinkasten aus Essen-Werden: rekonstruiertes und farbig gefaßtes Deckelbild mit Kreuzigung Christi

Abb. 71 Beinkasten aus Essen-Werden: rekonstruierte und farbig gefaßte Schauseite mit auferstandenem Christus

Abb. 72 Beinkasten aus Essen-Werden, heutiger Zustand, 2. Hälfte 8. Jh., Essen-Werden, Schatzkammer der Propsteikirche St. Liudger

## 11
## Sakramentar aus St. Alban

Mainz oder St. Gallen, um 900
Pergamenthandschrift, 206 Blätter
H. 29 cm; B. 22,5 cm

Mainz, Martinus-Bibliothek (Hs. 1)

Wenn sich die karolingische Buchmalerei trotz der Scheu vor der bildlichen Wiedergabe der Kreuzigung doch dieses Themas annimmt, dann dominiert der triumphierende Christus. Anders als bei Rabans Christusdarstellung (s. Abb. 26) ist es die göttliche Natur des Herrn, die in den karolingischen Darstellungen des Todes am Kreuz herausgearbeitet wird. Bestes Beispiel hierfür ist die Miniatur aus einem um 900 wahrscheinlich im Mainzer Kloster St. Alban entstandenen Sakramentar (Abb. 73). Hier ist der Gekreuzigte zwar von dem Leiden der Passion, doch nicht von der Last eines menschlichen Körpers gezeichnet: er schwebt vielmehr vor dem ganz in Gold gehaltenen Kreuz; sein Körper scheint sich in einer schraubenförmigen Drehung gleichsam nach oben zu bewegen (s. auch Abb. 8).

Das im Glanz des Goldes strahlende Kreuz ist ein Leitmotiv der Kreuzverehrung des Frühmittelalters. Literarisch liegt seine Quelle in der Kreuzvision des Kaisers Konstantin des Großen sowie verschiedener apokrypher Schriften, materiell in jenem Triumphkreuz, das Kaiser Theodosius II. im 5. Jahrhundert auf dem Hügel Golgatha errichten ließ (s. Kat.-Nr. 12).

Rabanus hingegen verzichtet in der Eingangsminiatur mit der Christusdarstellung auf einen goldenen Hintergrund, der, wie z. B. Kreuzgedicht XV und XXVIII beweisen, technisch durchaus möglich gewesen wäre. Stattdessen setzt er die Gestalt Christi vor einen gelben Hintergrund. Mit dieser bewußten Entscheidung, gerade hier kein Gold einzusetzen, wendet er sich gegen den eitlen Glanz des Edelmetalls, denn es gilt zu „erkennen, daß wir nicht mit vergänglichem Silber oder Gold erlöst worden sind (…), sondern durch das kostbare Blut des gleichsam unberührten Lammes und des unbefleckten Christus“ *(recogitemus, quod non corruptibili argento uel auro redempti sumus (…) sed pretioso sanguine quasi agni incontaminati et inmaculati Christi*, zit. nach Perin 1997, S. 29).

Lit.: AK Magdeburg 2001, I, Nr. IV.74 (Rainer Kahsnitz)

Winfried Wilhelmy

Abb. 73 Sakramentar aus St. Alban, um 900, fol. 4r: Triumphierender Christus

ET
SA
CER
EIGI
DOS
TVR

## 12
## Vortragekreuz

Original: 8. Jahrhundert (?)
Holz; Kupferblech, vergoldet, Emails und Steine
Bischofshofen, Archäologisches Museum

Kopie: H. 158 cm; B. 94 cm; T. 4 cm

Mainz, Römisch-Germanisches Zentralmuseum

Rabanus stellt in *De laudibus* ein einziges Mal, in Kreuzgedicht I, den gekreuzigten Christus selbst dar (s. Abb. 26). Die tiefere Intention dieser programmatischen Miniatur liegt in der Frage nach der Darstellbarkeit des Gekreuzigten überhaupt (s. S. 26–29). In den übrigen Kreuzgedichten taucht Christus am Kreuz nicht mehr auf. Statt dessen kommt in den weiteren Miniaturen von *De laudibus* allein das Kreuz, ohne Corpus, zur Abbildung. Es wird in den unterschiedlichsten Formen wiedergegeben, so z. B. als griechisches Kreuz mit gleichlangen Armen (Figurengedicht II oder XXIII) oder aber als Andreaskreuz innerhalb des Christogrammes (s. Figurengedicht XXII).

Für kompliziertere Kreuzformen greift Rabanus auf reale Vorbilder seiner Zeit zurück, die er durch das Kunsthandwerk seiner Epoche gekannt haben dürfte. Bestes Beispiel hierfür ist das Kreuzgedicht XXIV (s. Abb. 50), bei dem die einzelnen Kreuzarme in ihrer Grundform einem Quadrat mit „flaschenförmigem" Hals ähneln. Diese Form findet ihre Entsprechung im sogenannten „Rupertus"-Kreuz aus Bischofshofen, einer Arbeit, deren genaue Datierung kontrovers diskutiert wird, die aber aus dem frühen (?) 8. Jahrhundert stammen dürfte (Abb. 74). Dieses Vortragekreuz ist keine kontinentale Arbeit; es stammt vielmehr aus dem englischen Northumbria und gelangte von dort in den bayrisch-österreichischen Raum. Traditionell wird es mit dem Namen des hl. Rupertus († nach 716), des Bischofs von Salzburg, verbunden.

Vom 7.–9. Jahrhundert erlebte die irisch-angelsächsische Kunst in der Buchmalerei und in der Goldschmiedekunst einen Höhepunkt. Insulare Werke wurden durch iro-schottische Missionare wie den hl. Willibrord oder den hl. Columban auf den Kontinent verbracht. Auch Rabans wichtigste Vorbilder, der hl. Bonifatius sowie sein Lehrer Alkuin, kamen von jenseits des Kanals; nicht zuletzt durch Kunstwerke, die sie mitbrachten, wird er Goldschmiedearbeiten der insularen Schule nach Art des „Rupertus"-Kreuzes gekannt haben. Bei diesem Kreuz handelt es sich um eine sogenannte *crux gemmata*, ein ursprünglich mit Edelsteinen (?) und Emails verziertes Gemmenkreuz. Das Vorbild dieser besonderen Unterart des Kreuzes liegt in dem Goldkreuz, das Kaiser Theodosius II. im 5. Jahrhundert auf dem Hügel von Golgatha errichten ließ. Dieses Kreuz war das Triumphkreuz schlechthin und symbolisierte den Sieg Christi über den Tod. Es verzichtete bewußt auf eine Darstellung des leidenden Gekreuzigten und damit auf ein Abbild von dessen menschlicher Natur. Es betonte vielmehr die nicht darstellbare Göttlichkeit Christi, symbolisiert durch Gold und Edelsteine. Auf diese Göttlichkeit des triumphierenden Gottessohnes bezieht sich auch Rabanus in seinem Kreuzgedicht XXVIII. Hier wirft er sich nicht etwa vor einer Darstellung des Gekreuzigten zu Füßen, sondern er vertraut sich vielmehr dem Schutz einer *crux gemmata* an, in der Hoffnung, daß am Tag des Jüngsten Gerichtes „Du mich liebevoll annimmst, gütiger Christus, als deinen Diener" *(ut me tu pie suscipias, bone Christe, oblatum famulum*, zit. nach Perrin 1997, S. 217).

Lit.: Bierbrauer 1978; AK Salzburg/Rosenheim 1988, S. 333–336; Jülich 1986/87, S. 195

Winfried Wilhelmy

Abb. 74 Vortragekreuz aus Bischofshofen

## 13
## Großkreuz aus St. Peter in Rom

Original: heute verloren, Rom, Anfang oder Mitte 9. Jahrhundert
Rom, St. Peter (Kopie RGZM)

Kopie: H. 293 mit Kreuz

Kopie: Mainz, Römisch-Germanisches Zentralmuseum

Durch die schriftlichen Quellen sind für die karolingische Epoche zahlreiche Großkreuze überliefert. In der Forschung gab und gibt es deshalb immer wieder Versuche, die Kruzifixe jener Zeit zu identifizieren. Zwar muß der Versuch von Christian Beutler, das Udenheimer Kruzifix aus der Gotthard-Kapelle des Mainzer Domes als solch ein frühmittelalterliches Beispiel zu etablieren, aufgrund der naturwissenschaftlichen Daten als gescheitert gelten. Neuerdings gilt aber der sogenannte *Volto Santo di San Sepolcro* als ein für das Frühmittelalter gesichertes Werk, das mit Hilfe der Radio-Carbon-Methode zwischen 679 und 845 datiert werden kann. Für die spätkarolingische Zeit konnte jüngst das naturwissenschaftlich auf 896/900 zu datierende Kruzifix aus Enghausen bei Moosburg gewonnen werden.

Von einem weiteren Kruzifix, das einstmals für St. Peter in Rom angefertigt wurde, ist uns zwar nicht das Original, aber immerhin dessen dreidimensionales Abbild erhalten (Abb. 75). Seine Datierung ist in der Forschung umstritten: sie reicht vom späten 8. Jahrhundert bis in die erste Hälfte des 12. Jahrhunderts. Traditionell wird es den Pontifikaten der Päpste Leo III. (799–818) oder Leo IV. (847–855) zugeordnet; als Stifter gelten entweder einer dieser beiden Päpste oder aber die fränkischen Kaiser Karl der Große oder Karl der Kahle. Die Figur bestand aus Edelmetall, wahrscheinlich Silber, die Reliefs des Kreuzes hingegen waren wohl aus (versilbertem?) Holz gearbeitet und werden von einigen Forschern als spätere Ergänzung angesehen. Der Kruzifixus wurde 1550 eingeschmolzen; zuvor jedoch fertigte man damals aus kreide- und leimbeschichteter Leinwand eine Kopie an, die seinen originalgetreuen Abdruck bewahrte. Dank der Forschungen des Römisch-Germanischen Zentralmuseums Mainz konnte über mehrere Zwischenstufen der Abformung dessen Abbild wiedergewonnen werden.

Der Gekreuzigte aus St. Peter steht dem Christustypus des Raban´schen Figurengedichtes (Abb. 26) formal und inhaltlich besonders nahe. Um die Gemeinsamkeit zwischen beiden besonders hervorzuheben, kann dank des Entgegenkommens des Römisch-Germanischen Zentralmuseums anstelle des gesamten Großkreuzes ein Abguß ausschließlich des Corpus des Gekreuzigten gezeigt werden, der es erlaubt, sich ganz auf die inhaltliche Kernaussage zu konzentrieren. Obwohl der Gekreuzigte des römischen Kreuzes jugendlicher wirkt, ist beiden Christusdarstellungen ein gedrungen wirkender, schwerer Körper zu eigen. Ein breites Lendentuch bedeckt die Hüften. Der Körper des Gekreuzigten aus St. Peter lastet, wenn auch nur leicht, am Kreuz, der Kopf ist ein wenig nach vorne geneigt. Die Augen sind geöffnet. Der Christus jenes Großkreuzes ist nicht der Triumphator, sondern der Mensch am Kreuz. Es ist noch nicht der leidende und gequälte Körper, der sich in späteren Jahrhunderten am Kreuz windet, aber bereits hier ist es die menschliche Natur Christi, die zur Darstellung gelangt, und nicht die göttliche.

Rabanus verzichtet in der Miniatur seines Figurengedichtes zwar auf das Kreuz, aber er meint dasselbe: das Abbild der menschlichen Natur Christi. Nur dieser Teilaspekt des Wesens Christi ist darstellbar, da sich das Göttliche, die *imago Dei,* jeder Form der bildlichen Wiedergabe entzieht. Hierauf verweist die ohne äußere Notwendigkeit eingenommene Kreuzigungshaltung (s. auch Abb. 11). Das in der Kreuzigung geflossene Blut ist Zeugnis der Menschwerdung Christi und (nur) diesen Menschen darzustellen ist legitim, weil der Gott Christus „durch sein Blut die dem Tod geweihte Beute rettete und so seinen Gläubigen das himmlische Königreich gewährte“ *(oblatam praedam sanguine suo eripuit et taliter coeleste regnum suis concessit fidelibus,* zit. nach Becht-Jördens 1996, S. 338). Hierzu bedarf es nach Rabanus nicht des Kreuzes selbst, bereits die bloße Kreuzform genügt, um die Passion des Herrn und damit den Gedanken an dessen Erlösungstat hervorzurufen: „Sehet, das Bild des Heilandes heiligt durch die Anordnung seiner Glieder uns die heilbringendste, süßeste und liebevollste Form des Heiligen Kreuzes, (...) daß, sooft wir das Kreuz erblicken, dessen uns erinnern, der für uns an diesem gelitten hat, damit er uns aus der Herrschaft der Unterwelt herausreiße (*Ecce imago saluatoris membrorum suorum positione consecrat nobis saluberri-*

Abb. 75 Großkreuz aus St. Peter in Rom

*mam, dulcissimam et amantissimam sanctae crucis forman (…) ut, quotiescumque crucem aspiciamus, ipsius recordemur, qui pro nobis in ea passus est,* zit. nach Perrin 1997, S. 29).

Lit.: AK Mainz 1991, S. 38–40; mit ausführlicher Referierung des Forschungsstandes Schüppel 2005, S. 21–46, die das Kreuz aus rein stilistischen Gründen ins 12. Jahrhundert datiert; zum Kruzifixus aus Enghausen s. AK Freising 2005, Nr. II.19 (Hans Rohrmann/Peter Steiner)

Winfried Wilhelmy

## 14
## Leihgesuch von Kaiser Rudolf II.

Brief vom 15. Juni 1598,
heute dem Codex Inv.-Nr. B 18. 4° beigebunden
Maße des Codex: H. 33,6 cm; B. 22,2 cm; T. 0,8 cm

Fulda, Landes- und Hochschulbibliothek (Inv.-Nr. B 18. 4°)

Die Odyssee des heutigen Codex Vat. Reg. lat. 124 beginnt im Jahre 1598. Zu diesem Zeitpunkt ruht die Handschrift noch in der Klosterbibliothek zu Fulda. Am 15. Juni jenen Jahres verfaßt Kaiser Rudolf II. (1552–1612) den hier gezeigten Brief (Abb. 77) mit dem er die Leihe des Codex von Fulda nach Prag fordert. Dieser Brief wurde dann zu einem späteren Zeitpunkt dem Codex Inv.-Nr. B 18. 4° der Fuldaer Landes- und Hochschulbibliothek beigebunden. Auf der Rückseite des mehrfach gefalteten Schriftstückes sind neben den Resten des kaiserlichen Siegels auch noch die Adreßzeilen zu erkennen (Abb. 76): „Dem Ersamen vnserm lieben Andächtigen Johan Eustachio von Westernach Teutsch Ordens Statthalter vnd Com[m]enthur zu Mergethaim vnd Kapffenburg, Vnserm Rath“. Johann Eustach von Westernach (1545–1627) trat im Jahre 1566 in den Deutschen Orden ein und arbeitete sich dort bis zum Hoch- und Deutschmeister empor (gewählt 1625). Daneben war er ein loyaler Verfechter der habsburgischen Interessen und stand deshalb als kaiserlicher Kommissar in den Diensten von Rudolf II., der in diesem Schreiben verlangt:

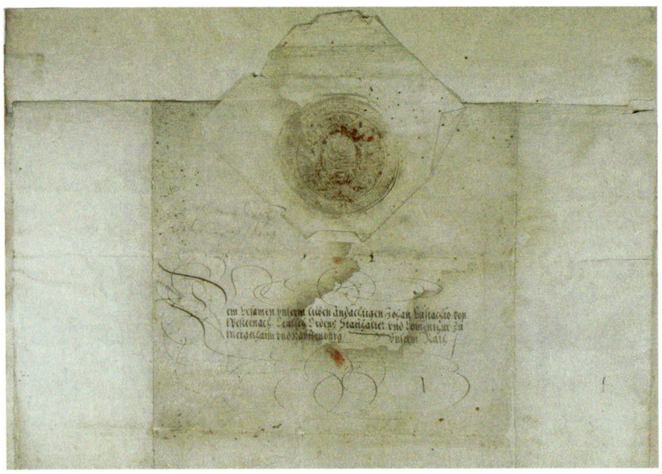

Abb. 76 Rückseite des Leihgesuches von Kaiser Rudolf II., 1598

*„Rudolff, der Ander, von Gottes gnaden, Erwehlter Römischer Kaiser, Zu allen Zeitten Mehrer des Reichs etc.*
*Ersamer, Lieber Andächtiger. Wir seind glaubwirdig berichtet, daß in des Stiffts Fulda Bibliothec ain Buech say, welches weillandt Abbt Rabanus, vom Creutz Christj, Vnsers Heren geschriben hat,*
*Wann Wir dann ettlicher bewäglicher ursachen halben solch Buech gern sehen wolten, Als begeren Wir an Dich hiemit gnedigelich, wöllest uerordnung thun, damit dasselbige aldort erhobt, vmm Vns woluerwart, ie eher ie pesser Zubracht werde.*
*Dargegen soll dieser Vnser Kaiserlicher Brief Zur Recognition bey vorn gedachter Bibliothec gelassen werden, und Du volziehest hieran Vnsern gnedigen gefeiligen willen vnd mainung.*
*Geben auf Vnserm Königelichen Schlosß Zu Prag, den Vünffzehenden Juny, Anno etc. Achunndneuntzig, Vnserer Reiche, des Römichen im Dreyundzwaintzigisten, Des Hungerichen im Sechsundzwaintzigisten, und des Behaimbichen auch im XXIIIten.*

Rudolff

*Ad mandatum sacrae caes[arae]ae*
*M[ajesta]tis p[ro]p[r]ium*
(Transkription: Dr. Hermann-Josef Braun)

Lit.: Müller 1973, S. 46

Winfried Wilhelmy

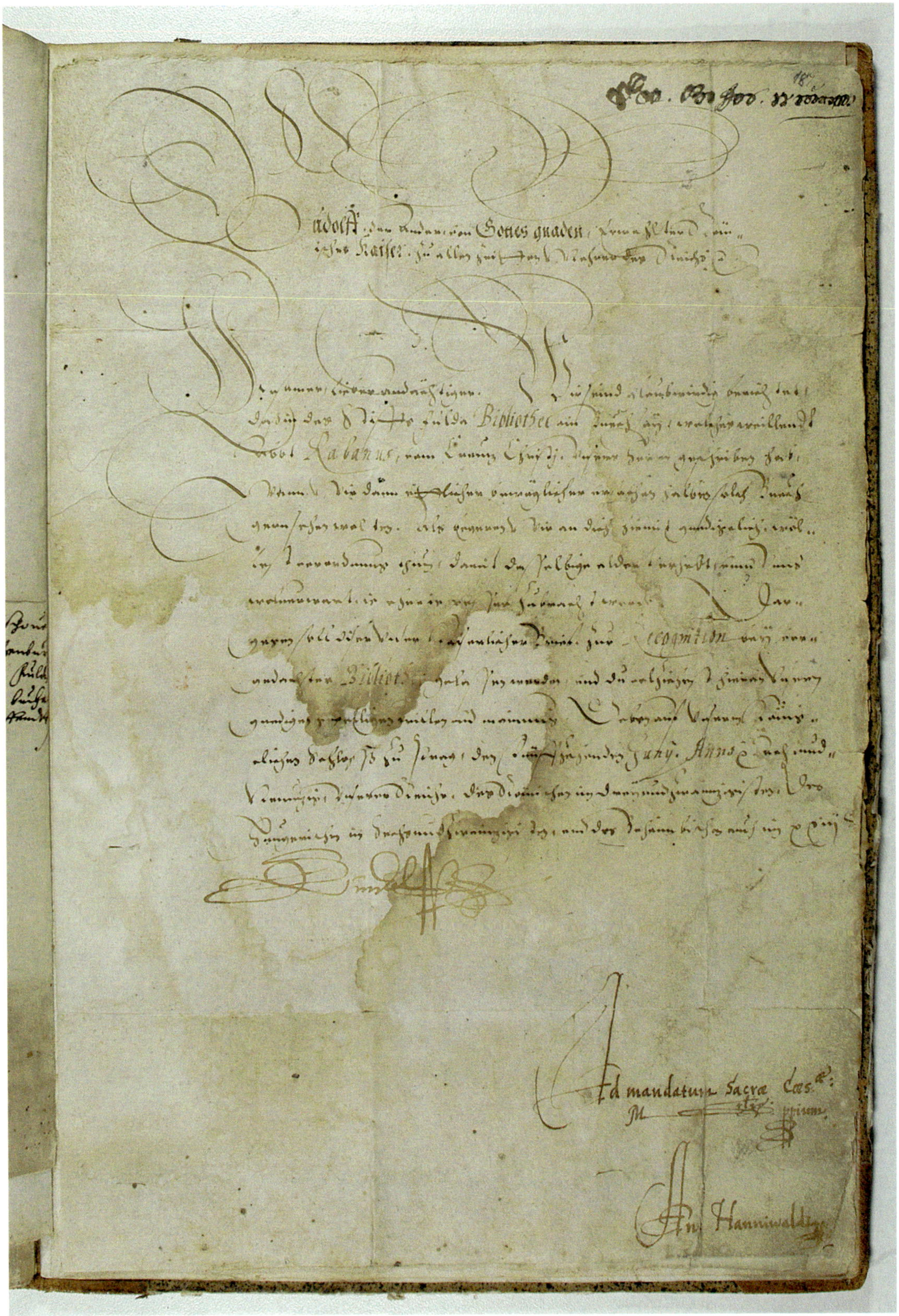

Abb. 77 Leihgesuch von Kaiser Rudolf II., 1598

## 15
## Lob des Kreuzes – transluzent

Winfried Mühlum, 2005
Kristallglas, Edelstahl, Aluminium
H. 179 cm; B. 48 cm; T. 60 cm

Im Besitz des Künstlers
Realisiert durch Mittel der Adolf-Gerhard-Stiftung, Mainz

Das Lob des Kreuzes, gefeiert von einem Künstler unserer Zeit, bedient sich naturgemäß anderer Mittel, als es Rabanus Maurus über tausend Jahre zuvor tat. So überraschen weniger die Unterschiede als die Gemeinsamkeiten, die sich nicht allein in der überzeitlichen Form des Kreuzes manifestieren. Der international tätige Künstler und Begründer der Sidereal-Art Winfried Mühlum hat eigens für diese Ausstellung eine Installation geschaffen (Abb. 79), die in der mathematischen Strenge ihres Aufbaus und ihrer komplexen Binnenstruktur Gestaltungsprinzipien aufgreift, die den Figurengedichten des Rabanus auf erstaunliche Weise entsprechen. Das werkbestimmende Medium von Mühlum ist das Licht! In seiner Installation bindet er das Licht an die Form des Kreuzes. Prismen und geschliffenes Kristallglas nehmen das Umgebungslicht auf, transformieren es zu Lichträumen und lassen das Kreuz aus sich selbst heraus erstrahlen. Mühlum knüpft an eine lange Tradition an, denn schon die Spätantike entwickelte eine Verbindung von Lichtmetaphorik mit dem Kreuze Christi, die einen ersten Höhepunkt in der Hymnendichtung der Karolingerzeit erreichte. Das lichtdurchflutete Kreuz ist das Symbol des Triumphs Christi über den Tod und zugleich das „Zeichen des Menschensohns", das nach dem Matthäus-Evangelium (Mt. 24,30) am Tage des Jüngsten Gerichts dem wiederkehrenden Christus vorausgehen soll. Die bildende Kunst der Zeit bemühte sich um eine adäquate Umsetzung des Lichtkreuzes in Form der *crux gemmata*, dem mit Edelsteinen besetzten Gemmenkreuz, wie es aus dem 9. Jahrhundert mit dem sogenannten Ardennenkreuz in Nürnberg oder der *Crux de los Angeles* in Oviedo überkommen ist. Die Kreuzinstallation von Mühlum verwendet Materialien, die der Schatzkunst fremd sind. Es sind die nüchternen Werkstoffe des 20. Jahrhunderts, Metall und Glas. Die lichthaltigen Kreuzarme sind durch eine Konstruktion aus Edelstahl miteinander verbunden; schlanke Aluminiumstelen tragen das Objekt, das beim Betrachter im Umschreiten Assoziationen an technische Instrumente der modernen Raumfahrt wecken mag und damit den Purismus der klaren Formen unterstreicht. In der Frontalansicht wird man dann sogleich wieder in den Bann der Farbenglut des Lichts gezogen. Durch ein ausgefeiltes System von optischen Gläsern im Inneren der Module wird das einfallende Licht umgewandelt und erstrahlt vollkommen unabhängig von jeder Elektrizität in der Leuchtkraft und Farbigkeit von Juwelen (Abb. 78). Die mundgeblasenen Gläser, die sorgfältig geschliffenen Kristalle und Prismen sind so komponiert, daß auch innerhalb der Module die Form des Kreuzes als Lichtbrechung aufgegriffen wird.

Die Edelsteine an den Gemmenkreuzen der Karolingerzeit symbolisierten Sieg und Triumph und wurden als Verweis auf das edelsteingeschmückte Himmlische Jerusalem nach der Apokalypse verstanden. Die Skulptur von Mühlum bedient sich anderer Techniken und Materialien, in ihrer Aussage klingt jedoch das gleiche Bedeutungsspektrum an.

Lit.: AK Mainz 1998, Kat.-Nr. 63 (Gertrud P. Fels); Hoffmann 1996; Stollenwerk 1994

Alexandra König

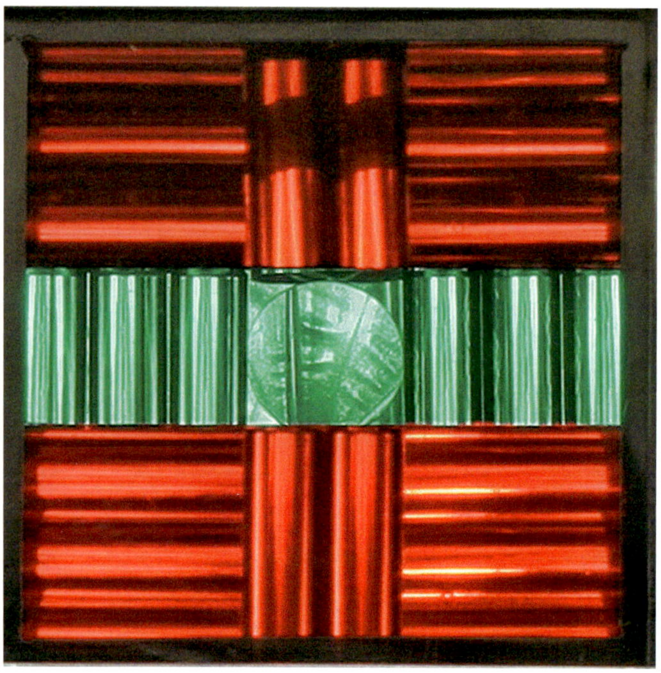

Abb. 78 Winfried Mühlum, Lob des Kreuzes – transluzent (Detail)

Abb. 79 Winfried Mühlum, Lob des Kreuzes – transluzent

16
## Rabanus Maurus
*De laudibus sanctae crucis*

Thomas Anshelm
Pforzheim, 1503
H. 31 cm; B. 21 cm; T. 3,5 cm

Mainz, Gutenberg-Museum (Stb Ink 336)

Abb. 80 Rabanus Maurus mit *De laudibus* in seinen Händen, 1503

Unter dem Einfluß des Humanismus erleben die Werke des Rabanus Maurus im frühen 16. Jahrhundert einen unerhörten Aufschwung. Die in klassischer Bildung erzogenen und an allen Varianten der lateinischen Sprache interessierten Gelehrten jener Epoche scheinen gerade in *De laudibus* eine verwandte Geisteshaltung entdeckt zu haben, vielleicht weniger des Inhaltes, sondern mehr der Form wegen. Sicherlich schätzten sie, die ähnliche poetische Werke schufen, die raffinierten Figurengedichte und deren artifizielle Sprache. Nachdem die Drucker des 15. Jahrhunderts die Schriften des Rabanus eher gemieden hatten (s. Kat.-Nr.5) entstehen nun in rascher Folge Ausgaben einzelner Werke. 1504 erschien *De institutione clericorum* (s. Kat.-Nr. 6), doch bereits ein Jahr zuvor gab Thomas Anshelm unter Mitwirkung zahlreicher Humanisten – darunter Jakob Wimpfeling, Johannes Reuchlin, Sebastian Brant, Dietrich Gresemund und Johannes Trithemius – in Pforzheim eine aufwendige Ausgabe von *De laudibus sanctae crucis* heraus (Abb. 80). Noch heute sind zahlreiche Exemplare dieser Ausgabe erhalten; dies läßt den Rückschluß auf eine hohe Auflage zu. Anshelm gestaltete die Figurengedichte mittels Formsatz und Holzschnitt äußerst aufwendig und machte das Werk so zu einem Klassiker des frühen Buchdrucks.

Lit.: Schmitz 1990

Winfried Wilhelmy/Cornelia Schneider

17
## Rabanus Maurus
*De laudibus sanctae crucis*

Fulda, um 825/26
Pergamenthandschrift, 61 folio
H. 36,5 cm; B. 29,5 cm

Rom, Biblioteca Apostolica Vaticana, Codex Reg. lat. 124

siehe hierzu den Aufsatz:
Rabans *De laudibus sanctae crucis* in seiner schönsten Fassung: Der Codex Vaticanus Reginensis latinus 124 in diesem Katalog auf Seite 33–42.

# Bibliographie


AK Freising 2005
Ausstellungskatalog „Kreuz und Kruzifix. Zeichen und Bild", Freising 2005

AK Magdeburg 2001
Ausstellungskatalog „Otto der Große, Magdeburg und Europa", 2 Bde, Mainz 2001

AK Mainz 1980
Ausstellungskatalog „Rabanus Maurus in seiner Zeit 780–1980", Mainz 1980

AK Mainz 1991
Ausstellungskatalog „Frühchristliche Darstellungen an Denkmälern der Spätantike", Mainz 1991

AK Mainz 1998
Ausstellungskatalog „Hildegard von Bingen 1098–1179", Mainz 1998

AK Paderborn 1999
Ausstellungskatalog „799 – Kunst und Kultur der Karolingerzeit", 2 Bde, Paderborn 1999

AK Salzburg/Rosenheim 1988
Ausstellungskatalog „Die Bajuwaren. Von Severin bis Tassilo 488–788", Salzburg/Rosenheim 1988

Arens 1958a
Fritz V. Arens: Die Inschriften der Stadt Mainz von frühmittelalterlicher Zeit bis 1650 (= Die deutschen Inschriften 2), Stuttgart 1958

Arens 1958b
Fritz V. Arens: Funde in der St. Johanniskirche zu Mainz. In: Mainzer Zeitschrift 53, 1958, S. 21–28

Aris 1996
Marc-Aeilko Aris: *Nostrum est citare testes.* Anmerkungen zum Wissenschaftsverständnis des Rabanus Maurus. In: Schrimpf 1996, S. 437–464

Becht-Jördens 1996
Gereon Becht-Jördens: *Litterae illuminatae.* Zur Geschichte eines literarischen Formtyps in Fulda. In: Schrimpf 1996, S. 325–364

Berndt 1997a
Rainer Berndt (Hrsg.): Das Frankfurter Konzil von 794. Kristallisationspunkt karolingischer Kultur (= Quellen und Abhandlungen zur Mittelrheinischen Kirchengeschichte 80), 2 Bde, Mainz 1997

Berndt 1997b
Rainer Berndt: Das Frankfurter Konzil von 794. Kristallisationspunkt theologischen Denkens in der frühen Karolingerzeit. In: Berndt 1997a, II, S. 519–545

Bierbrauer 1978
Volker Bierbrauer: Zum „Rupertus-Kreuz" von Bischofshofen. Ein insulares Denkmal der northumbrischen Renaissance. In: Archäologisches Korrespondenzblatt 8, 1978, S. 223–230

Bloch 1962
Peter Bloch: Zum Dediktationsbild im Lob des Kreuzes des Rabanus Maurus. In: Victor Heinrich Elbern (Hrsg.): Das erste Jahrtausend. Kultur und Kunst im werdenden Abendland an Rhein und Ruhr, I, Düsseldorf 1962, S. 471–494

Böhne 1980
Winfried Böhne (Hrsg.): Rabanus Maurus und seine Schule. Festschrift der Rabanus-Maurus-Schule, Fulda 1980

Brenk 1994
Beat Brenk: Schriftlichkeit und Bildlichkeit in der Hofschule Karls des Großen. In: Testo e immagine 1994, S. 630–682

Cavadini 1993
John C. Cavadini: The last Christology of the West: Adoptianism in Spain and Gaul AD 785–817, Philadelphia 1993

Cavadini 1997
John C. Cavadini: Elipandus and his Critics at the Council of Frankfurt. In: Berndt 1997a, II, S. 787–807

Chazelle 1985
Celia Martin Chazelle: The Cross, the Image, and the Passion in Carolingian Thought and Art, 1–2, Diss. Yale 1985

Ernst 1983/84
Ulrich Ernst: Zahl und Maß in den Figurengedichten der Antike und des Frühmittelalters: Beobachtungen zur Entwicklung tektonischer Bauformen. In: Albert Zimmermann (Hrsg.): Mensura. Maß, Zahl und Zahlensymbolik im Mittelalter (= Miscellanea mediaevalia 16/1–2), Berlin/New York 1983/84, S. 310–332

Ernst 1986
Ulrich Ernst: The Figured Poem: Towards a Definition of Genre. In: Visible Language 20, 1986, S. 8–27

Ernst 1991
Ulrich Ernst: *Carmen figuratum.* Geschichte des Figurengedichts von den antiken Ursprüngen bis zum Ausgang des Mittelalters (= Pictura et poesis 1), Köln/Weimar/Wien 1991

Ernst/Sowinski 1990
Ulrich Ernst/Benhard Sowinski (Hrsg.): *Architectura poetica.* Festschrift für Johannes Rathofer zum 65. Geburtstag (= Kölner Germanistische Studien 30), Köln/Wien 1990

Falk/Brück 1972
Ludwig Falk/Anton Ph. Brück: Geschichte der Stadt Mainz im frühen und hohen Mittelalter. Mitte 5. Jahrhundert bis 1244, Düsseldorf 1972

Ferrari 1996
Michele Camillo Ferrari: Rabanica. Rabans *De laudibus sanctae crucis* im Spiegel der neueren Forschung. In: Schrimpf 1996, S. 493–526

Ferrari 1999
Michele Camillo Ferrari: Il *Liber sanctae crucis di Rabano Mauro*: testo – immagine – contesto (= Lateinische Sprache und Literatur des Mittelalters 30), Bern/Berlin/Frankfurt a. M. 1999

Freise 1982
Eckhard Freise: Zum Geburtsjahr des Rabanus Maurus. In: Kottje/Zimmermann 1982, S. 18–74

Freeman 1957
Ann Freeman: Theodulf of Orléans and the *Libri Carolini.* In: Speculum 32, 1957, S. 663–705

Freeman 1965
Ann Freeman: Further Studies in the *Libri Carolini.* In: Speculum 40, 1965, S. 203–289

Freeman 1988
Ann Freeman: Additions and Corrections to the *Libri Carolini.* Links with Alcuin and the Adoptionist Controversy. In: Sigrid Krämer/Michael Bernhard (Hrsg.): *Scire litteras.* Forschungen zum mittelalterlichen Geistesleben (= Abhandlungen der Bayerischen Akademie der Wissenschaften München, Phil.-hist. Klasse N. F. 99), München 1988, S. 159–169

Frolow 1961
Anatole Frolow: La Relique de la Vraie Croix, Paris 1961

Frolow 1965
Anatole Frolow: Les Reliquaires de la Vraie Croix, Paris 1965

Hägele 1972
Paulus Ottmar Hägele: Rabanus Maurus als Lehrer und Seelsorger. Nach dem Zeugnis seiner Briefe, Fulda 1972

Hägele 1980
Paulus Ottmar Hägele: Rabanus Maurus als Lehrer und Seelsorger. In: Böhne 1980, S. 77–93

Haendler 1958
Gert Haendler: Epochen karolingischer Theologie, Berlin 1958

Hainthaler 1997
Theresia Hainthaler: Von Toledo nach Frankfurt. Dogmengeschichtliche Untersuchungen zur adoptianistischen Kontroverse. In: Berndt 1997a, II, S. 809–860

Hartmann 1982
Wilfried Hartmann: Die Mainzer Synoden des Rabanus Maurus. In: Kottje/Zimmermann 1982, S. 130–144

Hauck 1974
Karl Hauck: Versuch einer Gesamtdeutung des Einhard-Kreuzes. In: Karl Hauck (Hrsg.): Das Einhardkreuz. Vorträge und Studien der Münsteraner Diskussion zum *arcus Einhardi* (= Abhandlungen der Akademie der Wissenschaften 87), Göttingen 1974, S. 143–205

Heil 1970
Wilhelm Heil: Alkuinstudien I: Zur Chronologie und Bedeutung des Adoptianismusstreites, Düsseldorf 1970

Heyse 1969
Elisabeth Heyse: Rabanus Maurus´ Enzyklopädie *De rerum naturis*: Untersuchungen zu den Quellen und zur Methode der Kompilation (= Münchener Beiträge zur Mediävistik und Renaissanceforschung 4), München 1969

Hoffmann 1996
Ute Hoffmann: Moderne Mystik. In: Schott-Information 78, 1996, S. 18–20

Holter 1973
Kurt Holter (Hrsg.): Rabanus Maurus, *Liber de laudibus sanctae crucis*. Vollständige Faksimile-Ausgabe im Originalformat des Codex Vindobonensis 652 der Österreichischen Nationalbibliothek (= Codices selecti 33), Graz 1973

Jülich 1986/87
Theo Jülich: Gemmenkreuze. Die Farbigkeit ihres Edelsteinbesatzes bis zum 12. Jahrhundert. In: Aachener Kunstblätter 54/55, 1986/87, S. 99–258

Klein 2004
Holger A. Klein: Byzanz, der Westen und das „wahre" Kreuz. Die Geschichte einer Reliquie und ihrer künstlerischen Fassung in Byzanz und im Abendland, Wiesbaden 2004

Klingenberg 1968
Heinz Klingenberg: Rabanus Maurus: *In honorem sanctae crucis*. In: Helmut Birkahn/Otto Gschwantler: Festschrift für Otto Höfler, Wien 1968, II, S. 273–300

Kottje 1975
Raymund Kottje: Rabanus Maurus – *Praeceptor Germaniae?* In: Deutsches Archiv für Erforschung des Mittelalters 31, 1975, S. 534–545

Kottje/Zimmermann 1982
Raymund Kottje/Harald Zimmermann (Hrsg.): Rabanus Maurus. Lehrer, Abt und Bischof (= Abhandlungen der geistes- und sozialwissenschaftlichen Klasse der Akademie der Wissenschaften und der Literatur Mainz, Einzelveröffentlichungen 4), Wiesbaden 1982

Meyer/Suntrup 1987
Heinz Meyer/Rudolf Suntrup: Lexikon der mittelalterlichen Zahlenbedeutungen (= Münstersche Mittelalter-Schriften 56), München 1987

Müller 1973
Hans-Georg Müller: Rabanus Maurus – *De laudibus sancta [sic] crucis*. Studien zur Überlieferung und Geistesgeschichte mit dem Faksimile-Textabdruck aus Codex Reg. lat. 124 der vatikanischen Bibliothek (= Beihefte zum Mittellateinischen Jahrbuch 11), Ratingen/Kastellaun/ Düsseldorf 1973

Ostrogorsky 1929
Georg Ostrogorsky: Studien zur Geschichte des byzantinischen Bilderstreites, Breslau 1929

Perrin 1989a
Michel Perrin: Quelques réflexions sur le *De laudibus sanctae crucis* de Raban Maur: de la codicologie à la théologie en passant par la poétique. In: Revue des études latines 67, 1989, S. 213–235

Perrin 1989b
Michel Perrin: Le *De laudibus sanctae crucis* de Raban Maur et sa tradition manuscrite au IXe siècle. In: Revue d´histoire des textes 19, 1989, S. 191–240

Perrin 1992a
Michel Perrin: A propos des *cruces* du *De laudibus sanctae crucis* de Raban Maur: quelques réflexions sur la méthode à suivre. In: Louis Holtz (Hrsg.): De Tertullian aux Mozarabes. Mélanges offerts à Jacques Fontaine 1–2, II: Antiquité tardive et christianisme ancien (VIe-IXe siècles), Paris 1992, S. 217–228

Perrin 1992b
Michel Perrin: De la poésie à la spiritualité en passant par l´arithmologie. Un exemple de poésie carolingienne: le *De laudibus sanctae crucis* de Raban Maur. In: ΚΟΙΝΩΝΙΑ 16/2, 1992, S. 147–160

Perrin 1993
Michel Perrin: Les problèmes de composition des *carmina figurata* du *De laudibus sanctae crucis* de Raban Maur. Un exemple tiré du poème XXII. In: Daniel Buschinger/Wolfgang Spiewok (Hrsg.): Études de linguistique et de littérature en l'honneur d'André Crepin (= Greifswälder Beiträge zum Mittelalter, Serie WODAN 20/3, Tagungsbände und Sammelschriften 8), Greifswald 1993, S. 287–305

Perrin 1997
Michel Perrin: Rabani Mavri, *In honorem sanctae crvcis* (= Corpus Christianorum Continuatio mediaeualis C), Tournhout 1997

Peschlow-Kondermann 1972
Annegret Peschlow-Kondermann: Rekonstruktion des Westlettners und der Ostchoranlage des 13. Jahrhunderts im Mainzer Dom (= Forschungen zur Kunstgeschichte und christlichen Archäologie. Veröffentlichungen des Kunstgeschichtlichen Instituts der Johannes-Gutenberg-Universität 8), Wiesbaden 1972

Picker 2001
Hanns-Christoph Picker: *Pastor doctus*. Klerikerbild und karolingische Reformen bei Rabanus Maurus, Mainz 2001

Polara 1987/88
Giovanni Polara: Le riprese della poesia figurata nella trada antichità e nell´alto medioevo latino. In: Annali della Facoltà di lettere e filosofia dell´Università di Napoli 30 N.S. 18, 1987/88, S. 339–361

Polara 1994
Giovanni Polara: Parole e immagine nei carmi figurati di età carolina. In: Testo e immagine 1994, S. 245–273

Pozzi 1976
Giovanni Pozzi: Gli artifici figurali del linguaggio e l´iconismo. In: Strumenti critici 10, 1976, S. 349–383

Pozzi 1981
Giovanni Pozzi: La parola dipinta (= Il ramo d´oro 7), Mailand 1981

Pozzi 1984
Giovanni Pozzi: Poesia per gioco. Prontuario di figure artificiose (= Saggi 275), Bologna 1984

Pozzi 1986
Giovanni Pozzi: Le parole nel disegno e i disegni nelle parole. In: Letteratura italiana (Einaudi), 6: Teatro, musica, tradizione dei classici, Turin 1986, S. 440–442

Prochno 1929
Joachim Prochno: Das Schreiber- und Dedikationsbild in der deutschen Buchmalerei, Berlin 1929

Rathofer 1972
Johannes Rathofer: Der Heliand. Theologischer Sinn als tektonische Form. Vorbereitung und Grundlegung der Interpretation, Köln/Graz 1972

Reudenbach 1984
Bruno Reudenbach: Das Verhältnis von Text und Bild in *De laudibus sanctae crucis* des Rabanus Maurus. In: Klaus Grubmüller/Ruth Schmidt-Wiegand/ Klaus Speckenbach: Geistliche Denkformen in der Literatur des Mittelalters (= Münstersche Mittelalter-Schriften 51), München 1984, S. 282–320

Reudenbach 1986
Bruno Reudenbach: *Imago – figura*. Zum Bildverständnis in den Figurengedichten von Rabanus Maurus. In: Frühmittelalterliche Studien 20, 1986, S. 25–35

Richenhagen 1989
Albert Richenhagen: Studien zur Musikanschauung des Rabanus Maurus (= Kölner Beiträge zur Musikforschung 162), Regensburg 1989

Sandmann 1980a
Mechthild Sandmann: Raban als Mönch, Abt und Erzbischof. In: Böhne 1980, S. 13–47

Sandmann 1980b
Mechthild Sandmann: Raban als Mönch, Abt und Erzbischof. In: Fuldaer Geschichtsblätter. Zeitschrift des Fuldaer Geschichtsvereins 56, 1980, S. 133–180

Saurma-Jeltsch 1997
Liselotte E. Saurma-Jeltsch: Das Bild in der Worttheologie Karls des Großen. Zur Christologie in karolingischen Miniaturen. In: Berndt 1997a, II, S. 635–675

Schaller 1971
Dieter Schaller: Der junge „Rabe" am Hof Karls des Großen (Theodulf, carm. 27). In: J. Autenrieht und F. Brunhölzl (Hrsg.): Festschrift Bernhard Bischof zu seinem 65. Geburtstag, Stuttgart 1971, S. 123–141

Schefers 1997
Hermann Schefers (Hrsg.): Einhard. Studien zu Leben und Werk (= Arbeiten der Hessischen Historischen Kommission N.F. 12), Darmstadt 1997

Schmidt 1966
Ursula Schmidt: Der Priesterstein von Mainz. In: Friedrich Gehrke (Hrsg.): Mainz und der Mittelrhein in der europäischen Kunstgeschichte. Studien für Wolfgang Fritz Volbach zu seinem 70. Geburtstag (= Forschungen zur Kunstgeschichte und Christlichen Archäologie 6), Wiesbaden 1966, S. 141–164

Schmitz 1990
Wolfgang Schmitz: *O preclarum et omni veneratione dignum opus*... Zur Drucklegung von Rabans *Liber de laudibus sanctae crucis* im Jahre 1503. In: Ernst/Sowinski 1990, S. 389–400

Schneider 1875
Friedrich Schneider: Zur Kreuzeskunde. In: Correspondenzblatt des Gesamtvereins der deutschen Geschichts- und Altertumsvereine 23, 1875, S. 45–48

Schramm 1983
Percy Ernst Schramm: Die deutschen Kaiser und Könige in Bildern ihrer Zeit (751–1190). Neuauflage unter Mitarbeit von Peter Berghaus, u. a., hg. von Florentine Mütherich, München 1983

Schrimpf 1996
Gangolf Schrimpf (Hrsg.): Kloster Fulda in der Welt der Karolinger und Ottonen (= Fuldaer Studien 7), Frankfurt 1996

Schulze-Dörrlamm 2002
Mechthild Schulze-Dörrlamm: Der rekonstruierte Beinkasten von Essen-Werden. Reliquiar und mutmaßlicher Tragaltar des hl. Liudger aus dem späten 8. Jahrhundert. In: Sonderdruck aus Jahrbuch des Römisch-Germanischen Zentralmuseums Mainz 49, 2002, S. 281–363

Schulze-Dörrlamm 2004
Mechthild Schulze-Dörrlamm: Das steinerne Monument des Rabanus Maurus auf dem Reliquiengrab des hl. Bonifatius († 754) in Mainz. In: Jahrbuch des Römisch-Germanischen Zentralmuseums Mainz 51, 2004 (2005), S. 281– 347

Schulze-Dörrlamm 2005
Mechthild Schulze-Dörrlamm: Der Mainzer „Priesterstein". Das Bonifatius-Grabmal des Rabanus Maurus in der Marienkirche. In: Barbara Nichtweiß (Hrsg.): Bonifatius in Mainz. Neues Jahrbuch für das Bistum Mainz 2005, S. 319–341

Schüppel 2005
Katharina Christa Schüppel: Silberne und goldene Monumentalkruzifixe. Ein Beitrag zur mittelalterlichen Liturgie- und Kulturgeschichte, Weimar 2005

Sears 1990
Elizabeth Sears: Louis the Pious as Miles Christi. The Dedicatory Image in Rabanus Maurus´ *De laudibus sanctae crucis.* In: Peter Godman/Roger Collins (Hrsg.): Charlemagne´s Heir. New Perspectives on the Reign of Louis the Pious (814–840), Oxford 1990, S. 605–628

Spelsberg 1980
Helmut Spelsberg: Rabanus-Maurus-Bibliographie. In: Böhne 1980, S. 210–228

Spilling 1982
Herrad Spilling: Das Fuldaer Skriptorium zur Zeit des Rabanus Maurus. In: Kottje/Zimmermann 1982, S. 165–181

Spilling 1992
Herrad Spilling: *Opus Magnentii Rabani Mauri in honorem sanctae crucis conditum:* Rabans Beziehung zu seinem Werk (= Fuldaer Hochschulschriften 18), Frankfurt a. M. 1992

Staab 1980a
Franz Staab: Die Grundherrschaft Fulda und ihre Stifter bis zur Mitte des 9. Jahrhunderts. In: Böhne 1980, S. 48–63

Staab 1980b
Franz Staab: Rabanus Maurus und Mainz. In: AK Mainz 1980, S. 9–16

Staab 1982
Franz Staab: Wann wurde Rabanus Maurus Mönch in Fulda? Beobachtungen zur Anteilnahme seiner Familie an den Anfängen seiner Laufbahn. In: Kottje/Zimmermann 1982, S. 75–100

Stengel 1960
Edmund E. Stengel: Die Urkundenfälschungen des Rudolf von Fulda. In: Edmund E. Stengel, Abhandlungen und Untersuchungen zur hessischen Geschichte (= Veröffentlichungen der Historischen Kommission für Hessen und Waldeck 26), Marburg 1960, S. 27–146

Stollenwerk 1994
Manfred Stollenwerk: Wege zur Kunst. Lichtprojekte der Sidereal-Art. Transluzierende Architekturskulpturen. In: Baukultur, H. 1, 1994, S. 63

Taeger 1970
Burkhard Taeger: Zahlensymbolik bei Raban, bei Hincmar – und im Heliand? Studien zur Zahlensymbolik im Frühmittelalter (= Münchener Texte und Untersuchungen zur deutschen Literatur des Mittelalter 30), München 1970

Testo e immagine 1994
Testo e immagine nell'alto Medioevo 1–2 (= Settimane di studio del centro italiano di studi sull´alto medioevo 41), Spoleto 1994

Thümmel 1991
Hans Georg Thümmel: Bilderlehre und Bilderstreit (= Das östliche Christentum, N.F. 40), Würzburg 1991

Thümmel 1997
Hans Georg Thümmel: Die fränkische Reaktion auf das 2. Nicaenum 787 in den *Libri Carolini.* In: Berndt 1997a, II, S. 965–980

Traub 1996
Andreas Traub: Rabans Äußerungen zur *musica* und ihr Gegenstand. In: Schrimpf 1996, S. 481–491

Van Banning 1997
Joop van Banning: Claudius von Turin als eine extreme Konsequenz des Konzils von Frankfurt. In: Berndt 1997a, II, S. 731–749

Von Schlosser 1892
Julius von Schlosser: Eine Fulder Miniaturhandschrift der k. k. Hofbibliothek. In: Jahrbuch der kunsthistorischen Sammlungen des allerhöchsten Kaiserhauses 13, 1892, S. 1–36

Von der Steinen 1930
Wolfram von der Steinen: Entstehungsgeschichte der *Libri Carolini.* In: Quellen und Forschungen aus italienischen Archiven und Bibliotheken 21, 1930, S. 1–93

Wallach 1961
Luitpold Wallach: The Unknown Author of the *Libri Carolini* (= Didascaliae. Studies in Honor of A.M. Albareda), New York 1961

Zimmermann 1910
Ernst Heinrich Zimmermann: Die Fuldaer Buchmalerei in karolingischer und ottonischer Zeit. In: Kunstgeschichtliches Jahrbuch der kaiserlich-königlichen Zentralkommission für Erforschung und Erhalt der kunst- und historischen Denkmale 4, 1910, S. 1–104

Zimpel 1996
Detlev Zimpel: Rabanus Maurus, *De institutione clericorum libri tres,* Frankfurt a.M./Berlin/Bern 1996

# Abbildungsnachweis

Bern, Burgerbibliothek: Abb. 21, 23

Città del Vaticano, © Biblioteca Apostolica Vaticana: Umschlag vorne, Umschlag hinten; Vorsatz vorne, Vorsatz hinten; Abb. S. 83; Abb. 1, 2, 9, 10, 11, 12, 13, 17, 18, 19, 22, 25, 26, 28, 30, 32, 34, 36, 38, 40, 42, 44, 46, 48, 50, 52, 54, 56

Essen, Domschatzkammer: Abb. 72

Fulda, Hochschul- und Landesbibliothek: Abb. 76, 77

Mainz, Bischöfliches Dom- und Diözesanmuseum (Sensum – Graphikbüro – Bernd Schermuly – www.sensum.de): Frontispiz; Abb. S. 2, S. 6; Abb. 4, 58, 59, 60, 66, 67, 68, 69, 78, 79

Mainz, Gutenberg-Museum: Abb. S. 12; Abb. 3, 62, 63, 80

Mainz, Martinus-Bibliothek: Abb. 8, 27, 29, 31, 33, 35, 37, 39, 41, 43, 45, 47, 49, 51, 53, 55, 57, 64, 65, 73

Mainz, Römisch-Germanisches Zentralmuseum: Abb. 14; Abb. 70 (Fotografin: Sabine Hölper), Abb. 71 (Fotografin: Sabine Hölper), Abb. 74 (Fotograf: Volker Iserhardt), Abb. 75 (Fotograf: Volker Iserhardt)

Mainz, Stadtarchiv Mainz, Bild- und Plansammlung, BPSP / 61 B.: Abb. 5

St. Gallen, Stiftsbibliothek: Abb. 24

Wien, Österreichische Nationalbibliothek: Abb. 61

Wolfenbüttel, Herzog August Bibliothek: Abb. 20

Würzburg, Bayerische Julius-Maximilians-Universität Würzburg, (Universitätsbibliothek, Abteilung Handschriften und Alte Drucke): Abb. 6

Repros aus:
AK Mainz 1980, S. 21: Abb. 7
Müller 1973, S. 211: Abb. 15
Perrin 1997, S. CXXII und S. CXXIV: Abb. 16

MAVRVS ALBINVS S